G. Maspero

HISTOIRE
DE
L'ORIENT

Classe de Sixième

LIBRAIRIE HACHETTE ET Cie

HISTOIRE

DE

L'ORIENT

CLASSE DE SIXIÈME

DU MÊME AUTEUR

Maspero, membre de l'Institut : *Histoire ancienne des peuples de l'Orient*. Ouvrage contenant 3 cartes et quelques spécimens des écritures hiéroglyphiques et cunéiformes ; 4ᵉ édition. 1 vol. in-16, broché. . . . . 6 fr.

— *Lectures historiques* rédigées conformément aux programmes du 28 janvier 1890, à l'usage de la classe de Sixième (Histoire ancienne, Égypte, Assyrie). 1 vol. in-16 avec 188 gravures d'après les monuments, cartonnage toile. . . . . 5 fr.

22 295. — Paris. Imprimerie Lahure, rue de Fleurus, 9.

HISTOIRE

DE

L'ORIENT

L'ÉGYPTE
CHALDÉENS ET ASSYRIENS
LES ISRAÉLITES ET LES PHÉNICIENS
LES MÈDES ET LES PERSES

RÉDIGÉE CONFORMÉMENT AUX PROGRAMMES DU 28 JANVIER 1890

PAR

G. MASPERO

PROFESSEUR AU COLLÉGE DE FRANCE
MEMBRE DE L'INSTITUT

—

CLASSE DE SIXIÈME

—

PARIS

LIBRAIRIE HACHETTE ET Cⁱᵉ

79, BOULEVARD SAINT-GERMAIN, 79

—

1891

PROGRAMME DU 28 JANVIER 1890

HISTOIRE DE L'ORIENT

Égypte. — Description de l'ancienne Égypte. Le Nil. — Memphis et l'ancien empire ; Thèbes et les Rhamsès ; l'Égypte conquise. — Religion, monuments, mœurs, industrie. — Découvertes de Champollion ; les égyptologues français

Chaldéens et Assyriens. — Description de la région du Tigre et de l'Euphrate. — Ninive et Babylone. Sargon et Nabuchodonosor. — Ruine de Babylone. — Mœurs et coutumes, monuments. — Découvertes contemporaines.

Les Israélites. — Description de la Palestine. — Les Israélites en Égypte et dans la Terre promise. — Moïse, les Juges. — Le royaume de David et de Salomon ; le Temple. Le schisme des dix tribus. — Destruction des deux royaumes.

Les Phéniciens. — Description de la Phénicie. — Sidon et Tyr : le commerce, l'industrie, les colonies. — Fondation de Carthage. — L'alphabet.

Les Mèdes et les Perses. — Description de l'Iran et de l'Asie Mineure. — Les Mèdes et les Perses. Cyrus, Cambyse, Darius. Conquête de la plus grande partie de l'ancien Orient, et organisation de l'empire des Perses. — Monuments, religion, mœurs et coutumes.

TABLE DES GRAVURES

CARTES

Il nous a paru plus commode pour l'élève de réunir les cartes à
la fin du volume en les disposant de manière que, le livre étant
ouvert à un endroit quelconque, la carte puisse être développée tout
entière sous les yeux du lecteur.

HISTOIRE DE L'ORIENT

LIVRE I

L'ÉGYPTE

CHAPITRE I

DESCRIPTION DE L'ANCIENNE ÉGYPTE : LE NIL

1. Le Nil. — 2. Le Nil en Égypte. — 3. Les crues du Nil. —
4. Flore et faune de l'Égypte. — 5. Le dieu Nil et son
culte.

1. Le Nil. — Le Nil a ses sources dans l'hémi-
sphère austral, par delà l'équateur. Il recueille successivement dans un même lit toutes les eaux qui
s'écoulent des grands lacs de l'Afrique centrale, et les
achemine vers le nord, à travers d'immenses savanes
entrecoupées de bois et de marais. Le Bahr el-Ghazâl
lui apporte à gauche le trop-plein du bassin mal déli-
mité qui s'étend entre le Darfour et le Congo ; le
Sobat, le Nil Bleu, le Tacazzé lui versent sur la droite
les eaux qui descendent du massif montagneux de
l'Abyssinie. Il se heurte bientôt après contre le pla-

teau calcaire du Sahara et s'y creuse un lit tortueux où son cours, interrompu cinq fois par des rapides, s'étage et descend lentement vers la Méditerranée sans plus s'accroître d'aucun affluent. La partie septentrionale de la vallée, entre la cataracte de Syène et la mer, a formé de tout temps le territoire de l'Egypte.

2. Le Nil en Égypte. — L'Égypte est « un don du Nil ». De Syène au voisinage de Thèbes, les montagnes la serrent de si près qu'en plusieurs endroits, au Gebel Silsiléh par exemple, elle disparaît presque et n'est plus que le lit même de son fleuve entre deux escarpements de roche nue. De Thèbes au Caire, elle a quinze kilomètres de large en moyenne. Le Nil s'y divise en deux bras, dont chacun appuie sur l'une des chaînes qui bordent la vallée. Celui de l'ouest n'est guère qu'un long canal mal tracé, qui se poursuit sous des noms différents des environs de Dendérah jusqu'à la mer, et dont certaines parties sont à sec pendant plusieurs mois de l'année. Il ne prend vraiment les allures d'une rivière — *Bahr Yousouf* — qu'entre Sioul et le Fayoum ; encore n'est-il navigable qu'au temps des hautes eaux. Le Nil de l'est, le vrai Nil, est moins un fleuve qu'un lac sinueux, encombré d'îlots. Il file d'un jet puissant et régulier, sous des berges noires, taillées droites dans le terreau d'alluvion. De légers bois de dattiers, des bouquets d'acacias et de sycomores, des carrés d'orge ou de blé, des champs de fèves ou de trèfle ; çà et là une coulée de sable que le moindre vent soulève en tourbillons, un groupe de maisons, un village poudreux, une petite ville coquette et de bonne mine à l'ombre de ses palmiers.

Au delà du Caire, les montagnes s'écartent et vont se perdre, la chaîne Arabique aux confins de la mer Rouge, la Libyque aux rives de la Méditerranée, à l'ouest d'Alexandrie. L'espace qui les sépare était jadis un golfe au fond duquel le Nil débouchait, non loin de l'endroit où les Pyramides s'élèvent aujourd'hui. C'est à présent une vaste plaine triangulaire, un delta, créé, consolidé, agrandi sans cesse par les apports du fleuve, limité au nord par une ligne presque continue de dunes et de marais. Trois branches maîtresses l'arrosaient dans l'antiquité, la Pélusiaque à l'est, la Sébennytique au centre, la Canopique à l'ouest : la Pélusiaque n'existe plus depuis plusieurs siècles. Elles étaient reliées l'une à l'autre par un lacis de canaux naturels ou artificiels, dont quelques-uns tombaient directement à la mer et portaient le nombre des bouches à sept, même à quatorze, selon les époques.

3. Les crues du Nil. — A la suite des grosses pluies qui s'abattent chaque année en février sur la région des Grands Lacs, le Nil se gonfle et sort de ses rives. La crue se propage rapidement du sud au nord et gagne en quelques mois la vallée entière. Elle arrive vers la fin d'avril à Khartoum, où elle se grossit des apports du Nil Bleu, puis chemine lentement à travers la Nubie et atteint l'Égypte dans les premiers jours de juin. On la signale à Syène vers le 8 de ce mois, le 17 au Caire et deux jours plus tard dans tout le Delta.

L'Égypte, brûlée depuis cinquante jours par le vent — *khamsîn* — qui souffle sans interruption de l'ouest, semble n'être en plus d'un endroit que le prolongement du désert. Elle poudroie au soleil, nue, sèche, rayée à perte de vue de crevasses entre-croisées ; une couche de poussière grise enduit les arbres et les étouffe ; le fleuve n'a plus que la moitié de sa largeur habituelle et le vingtième environ du volume d'eau qu'il roulait l'octobre précédent. Il remplit promptement son lit, puis monte à l'assaut des berges, et menace de les dépasser vers le 15 juillet. On se décide alors à rompre les digues qui l'encaissent et à l'admettre sur les champs : il les inonde en quelques jours et les submerge d'une montagne à l'autre. La vallée n'est bientôt plus qu'une nappe d'eau trouble, encadrée entre deux cordons de sable et de rochers, parsemée où sont les villages ou les reliefs du sol de taches vertes et noires, divisée en compartiments irréguliers par les chaussées qui relient les villages entre eux. La crue bat son plein vers la fin d'août en Nubie, un mois plus tard au Caire et dans le Delta. Elle reste stationnaire huit jours environ, puis commence à baisser rapidement : vienne décembre et le fleuve est rentré complètement dans son lit.

4. Flore et faune de l'Égypte. — Une contrée que les eaux envahissent chaque année ne porte jamais beaucoup d'arbres. Le sycomore y vit pourtant, ainsi que plusieurs espèces d'acacias et de mimosas. Le figuier, l'abricotier, le perséa, la vigne y poussent dans les jardins ; le palmier doum croît presque sans culture dans la Haute-Égypte et les dattiers prospèrent

par tout le pays. Où qu'on tourne les yeux, on les aperçoit isolés, assemblés par deux ou par trois à l'entrée
des ravins, autour des villages, le long des berges,
alignés en files régulières comme des rangées de
colonnes, plantés symétriquement en forêts claires : ils
forment le fond toujours le même sur lequel les autres
arbres viennent se grouper pour varier le paysage.

Les plantes aquatiques abondent dans le Delta :
elles s'y développent, dans les lacs de la côte, en immenses fourrés où les proscrits et les princes vaincus
trouvèrent souvent des retraites presque impéné-
trables à leurs ennemis. Deux espèces, le papyrus et
le lotus, sont célèbres à cause du rôle qu'elles jouent
dans l'histoire sacrée et profane de l'Égypte. Le papyrus était l'emblème mystique du Delta ; il servit de
bonne heure à fabriquer le papier sur lequel les
Égyptiens écrivaient. Le lotus, au contraire, fut choisi
pour symbole de la Thébaïde. Les anciens confondaient
sous ce nom trois plantes différentes dont les fleurs
étaient bleues, ou blanches ou roses. Le papyrus a
disparu presque entièrement et le lotus est assez
rare. Ils étaient employés l'un et l'autre à l'alimentation des habitants : on les mangeait bouillis, rôtis,
réduits en une sorte de farine dont on faisait du pain.
Ce n'était là toutefois qu'une nourriture de pauvre, à
laquelle on préférait le lupin, la fève, le pois chiche,
le gombo, la lentille, le froment surtout et diverses
espèces de céréales, l'orge, le dourah, le millet, que
le sol produit presque sans travail.

Beaucoup de nos animaux domestiques n'étaient
pas connus en Égypte : le cheval n'y fut introduit

que vers le xxe siècle avant notre ère, le chameau à l'époque ptolémaïque. Mais le bœuf, le mouton, la chèvre, le porc sont déjà figurés sur les monuments les plus anciens, ainsi que plusieurs espèces de chiens domestiques et de gazelles apprivoisées. Les oies et les canards remplissaient les basses-cours, mais le poulet n'y figurait guère et fut longtemps un oiseau rare.

Le Nil fourmille de poissons, dont quelques-uns sont fort grands et dont la plupart sont bons à manger. Les animaux nuisibles sont assez peu nombreux. Le lion et quelques grands félins, le léopard, le guépard, plusieurs espèces d'hyènes, de chacals et de loups hantaient les abords du désert; quantité de scorpions et de serpents très venimeux, l'uræus, le céraste infestent les cultures et pénètrent dans les maisons. L'hippopotame a quitté les marais du Delta à la fin du xvie siècle après notre ère, le crocodile s'est maintenu jusqu'à nos jours et n'a été chassé au delà de la première cataracte que par les bateaux à vapeur.

Fig. 1. — Le dieu Nil (d'après la statue du British Museum).

5. Le dieu Nil et son culte. — Tout en Égypte se règle sur le Nil, le sol, ses productions, l'espèce des animaux qu'il porte et des oiseaux qu'il nourrit. Les Égyptiens l'avaient compris mieux que personne : ils avaient fait de leur fleuve un dieu, qu'ils nommaient Hàpi, et dont ils ne se lassaient point de célébrer les bienfaits (fig. 1) :

« Créateur du blé, producteur de l'orge, il met les
« temples en joie. Si chôment ses doigts et qu'il
« souffre, alors les multitudes deviennent misérables,
« car, lorsque les dieux au ciel sont humiliés, les
« hommes périssent, les bestiaux se désolent, et la
« terre entière, grands et petits, sont au supplice.
« Mais tout change pour les hommes quand il ac-
« court : dès que Khnoumou, le dieu de la cataracte,
« l'a créé et qu'il apparaît, alors la terre exulte,
« alors tout ventre se réjouit, tous les dos sont agi-
« tés par le rire, toute dent broie.... Où la misère
« était se montre l'allégresse.... O Nil, prospère !
« Allons ! fais vivre les hommes par les troupeaux
« et les troupeaux par les vergers ! O Nil, prospère,
« allons ! »

RÉSUMÉ

1. Le Nil prend sa source dans la région des grands
lacs africains, recueille en passant les eaux de l'Abyssinie
que lui apportent le Nil Bleu et le Tacazzé, et les amène
à la Méditerranée à travers la Nubie et l'Égypte propre.

2. L'Égypte est un don du Nil. Elle s'étend des cataractes de Syène à la mer, et n'est d'abord qu'une vallée
très étroite, large de quinze kilomètres en moyenne. Au
delà du Caire, elle forme une large plaine, un delta où le
Nil se ramifie en une multitude de branches et de canaux
secondaires, avant de se jeter à la Méditerranée par trois
bras principaux, aujourd'hui réduits à deux, le bras de
Damiette et celui de Rosette.

3. Le Nil déborde tous les ans. La crue arrive en
Egypte dans les premiers jours de juin : elle couvre la val-

lée entière jusqu'en octobre et est complètement terminée au commencement de décembre.

4. L'inondation, revenant à jour fixe, empêche l'Égypte de posséder une faune et une flore aussi riches que celles de nos pays européens. Peu de grands arbres, quelques espèces d'acacias, des sycomores et des forêts claires de palmiers. Beaucoup de plantes aquatiques, parmi lesquelles le papyrus et le lotus. La plupart de nos animaux domestiques étaient connus dès les temps les plus anciens : pourtant le cheval n'a été introduit que vers le XXe siècle. En revanche beaucoup d'animaux sauvages dont les uns, comme le lion et l'hippopotame, ont disparu depuis longtemps, dont les autres, comme le crocodile, ne subsistent qu'en petit nombre.

5. Les Egyptiens considéraient le Nil comme étant un dieu et célébraient en son honneur des fêtes solennelles.

CHAPITRE II

LES ORIGINES DES ÉGYPTIENS ET LA FORMATION DE L'ÉGYPTE

1. Les traditions égyptiennes sur les premiers temps du monde. — 2. L'Égypte primitive : Ménès. — 3. Le Pharaon : les dynasties de Manéthon. — 4. Les trois premières dynasties memphites.

1. Les traditions égyptiennes sur les premiers temps du monde. — Au commencement était le *Nou*, l'Océan primordial, dans les profondeurs infinies duquel les germes des choses flottaient confondus. Râ, le Soleil, en sortit et créa une première ébauche de l'univers où le ciel n'existait pas encore, mais la terre seule avec ses plantes, ses animaux, sa population. Il y régna de longs siècles, puis, les hommes ayant conspiré contre lui sur ses vieux jours, il en massacra une partie, établit le ciel sur ses fondements et s'y retira : c'est lui qu'on voit se lever chaque matin à l'orient pour éclairer le jour nouveau.

Quatre grands dieux furent rois après lui sur le monde complété. On attribuait au troisième d'entre eux, Osiris, et à sa femme Isis toutes les inventions qui rendent la vie supportable à l'homme : il avait réglé la propriété, organisé la famille, institué les lois, enseigné le tissage, la culture du blé et de la vigne, l'élevage des bestiaux. Son frère Typhon l'assassina et prit sa place ; mais, attaqué au bout de quelques années par son neveu Horus, il lui céda le delta et garda la vallée, des environs de Memphis à Syène. Le monde cessa désormais de former un seul empire. Tandis que l'Égypte se séparait en deux royaumes, les partisans de Typhon la quittaient et se répandaient sur les contrées environnantes, les nègres de Koush au sud, les Asiatiques au nord, les Libyens à l'ouest, les Bédouins à l'est.

Deux familles de divinités secondaires gouvernèrent encore l'Égypte après Horus, puis les dieux remontèrent au ciel et furent remplacés par des hommes : Ménès de Thinis fonda la première dynastie humaine.

2. L'Égypte primitive : Ménès. — Telle est la tradition indigène. Il est probable que les Égyptiens vinrent d'Asie, par l'isthme de Suez. Leurs établissements principaux paraissent avoir été d'abord dans le Delta. C'est en effet autour des villes du Delta que se groupent les légendes relatives à leurs dieux les plus vénérés, Râ, Toumou, Osiris, Isis, Neith. C'est à Héliopolis que les dogmes de leur religion s'élaborèrent et que leurs historiens placèrent la résidence des dynasties divines. Le Delta était alors un marais immense, semé d'îles sablonneuses, et couvert de fourrés à travers lesquels les bras du Nil se frayaient un cours sans cesse déplacé. La vallée, jusqu'au voisinage de la première cataracte, n'était guère mieux ordonnée. Où l'inondation n'atteignait pas d'elle-même, le désert s'étalait : où elle parvenait, comme elle n'était pas encore dirigée par la main de l'homme, elle s'écoulait trop vite pour féconder les champs, ou ne laissait que des bourbiers pestilentiels en se retirant après un séjour trop prolongé.

Les Égyptiens conquirent le sol à force de patience : ils endiguèrent le fleuve, asséchèrent les terres et tracèrent le réseau des canaux qui, aujourd'hui encore, entretient la richesse du pays. La plupart de leurs villes, Tanis, Bubaste, Bouto, Xoïs, Mendès, Saïs, Héliopolis, Héracléopolis, Siout, Khemmis, Thinis, Dendérah, Thèbes, Hermonthis, remontent à cette époque lointaine. Elles étaient les capitales d'autant de principautés, qu'on désignait d'après l'emblème du dieu qu'elles adoraient, principauté du Tamarisque, du Sycomore, de la Vache, du Harpon, du Chacal, de l'Oxyrrhynque. Démembrées à plusieurs reprises, elles finirent par n'être plus dans la suite que de véritables départements administratifs, des *nomes* : il y avait d'ordinaire quarante-quatre nomes, vingt-deux dans le Delta, vingt-deux dans la vallée. Ces principautés étaient gouvernées par des chefs héréditaires qui concentraient entre leurs mains tous les pouvoirs civils, militaires et religieux : elles se groupèrent peu à peu en deux États distincts, en deux royaumes, celui de la Basse-Égypte dans le delta, celui de la Haute-Égypte dans la vallée, des environs du Fayoum au Gebel Silsiléh d'abord, puis à la première cataracte.

Une tradition qui renferme peut-être un fond de

vérité historique attribuait à un chef thinite, à Ménès, l'honneur d'avoir réuni les deux contrées et d'avoir fondé le royaume d'Égypte, vers l'an 5000 avant notre ère.

3. Le Pharaon : les dynasties de Manéthon. — Le roi était double pour ainsi dire[1]. Il était le seigneur de la Basse et le seigneur de la Haute-Égypte ; le plus populaire de ses titres, *Pharaon*, lui venait des deux grandes maisons (*Pir-âoui*) dont son palais se composait et qui répondaient chacune à l'un de ses royaumes.

Il descendait directement des dieux et se proclamait *fils du Soleil*. Il avait donc la puissance illimitée d'un dieu, et l'étiquette qu'on observait autour de lui prenait dans bien des cas l'apparence d'un culte : on l'encensait, on l'acclamait religieusement, on se prosternait devant lui, on adressait à ses images des offrandes avec des prières. Lorsqu'il mourait, « il s'envolait vers le ciel pour rejoindre le disque solaire », son ancêtre, et l'aîné de ses enfants lui succédait sur le trône, un fils d'ordinaire, mais les filles avaient autant de droit que les fils à la couronne. Si la descendance mâle s'éteignait ou qu'une révolution la renversât, le nouveau Pharaon épousait aussitôt une ou plusieurs de ces princesses, dont les enfants continuaient la race solaire. Aussi les Égyptiens affirmaient-ils avoir été gouvernés depuis le commencement par une seule famille dont les branches, arrivant au pouvoir l'une après l'autre, formè-

---

1. Voir, pour plus de détails, le chapitre intitulé *Pharaon* dans les *Lectures historiques*, p. 39 et suiv.

rent autant de dynasties successives. Toutefois leurs annalistes n'étaient point d'accord sur le nombre et la durée de ces dynasties.

L'un d'eux, Manéthon de Sébennytos, qui vivait sous Ptolémée Philadelphe et qui écrivit pour les Grecs l'histoire de son pays, en comptait trente et une de Ménès à la conquête d'Alexandre : les modernes ont adopté cette division, bien qu'ils n'en saisissent pas toujours les motifs. Chacune des dynasties se distingue de ses voisines par le nom de la ville d'où elle est originaire. Toutes n'ont pas été également puissantes, mais toutes représentaient aux yeux des Égyptiens la légitimité solaire. Elles se répartissent naturellement en trois groupes de durée inégale.

Les plus anciennes, de I à X, ont régné à une époque où la partie de l'Égypte située à l'entrée de la vallée était le centre de la vie politique et religieuse : c'est l'ANCIEN EMPIRE ou la PÉRIODE MEMPHITE.

Les dix suivantes établirent la suprématie de la Haute-Égypte sur la Basse et formèrent la PÉRIODE THÉBAINE, coupée en deux parties presque égales, le MOYEN EMPIRE (X^e-XIVe dynasties) et le NOUVEL EMPIRE (XVIIe-XXe), par l'invasion des Pasteurs (XVe-XVIe dynasties).

A partir de la XXIe dynastie, les villes du Delta l'emportent à leur tour, et président aux destinées de l'Égypte jusqu'à l'arrivée des Macédoniens : c'est la PÉRIODE SAÏTE.

4. Les trois premières dynasties memphites. — — La période memphite (entre 5000 et 3500) n'a presque point d'histoire. La tradition prétend que

Ménès régularisa le cours du Nil par des digues puissantes, un peu au-dessus de la pointe du Delta, et qu'il fonda sur ce terrain nouveau la ville de Memphis pour lui servir de capitale. Elle ne savait conter de ses successeurs que des singularités ou des miracles, l'apparition d'une grue à deux têtes, une peste, une famine de sept années, un gouffre qui s'était ouvert près de Bubaste et qui avait englouti beaucoup de gens. Aussi bien la plupart des souverains qui composent les deux premières dynasties (thinites) ne sont que des noms, dont on ne peut dire encore si les personnages qui les portent ont existé ou s'ils sont imaginaires.

C'est à leur temps cependant, sinon même aux temps qui les ont précédés, que nous devons un des monuments les plus extraordinaires qu'il y ait au monde, le grand Sphinx de Gizéh[1]. Le grand Sphinx est l'image du dieu Soleil, ou plutôt d'un animal terrible à corps de lion, à tête d'homme, qu'on croyait exister dans le désert, et qu'on avait consacré au dieu Soleil. Taillé en plein roc, au rebord extrême du plateau libyque, il semble hausser la tête pour être le premier à découvrir, par-dessus la vallée, le lever du disque lumineux. Les sables l'ont envahi, son corps effrité n'a plus du lion que la forme générale. Le bas de la coiffure, la barbe, le nez ont été brisés par des fanatiques. La teinte rouge qui avivait ses traits est effacée presque partout. Et pourtant, l'ensemble garde jusque dans sa détresse une expression souve-

1. Voir l'image du grand sphinx dans les *Lectures historiques*, p. 53.

raine de force et de grandeur. L'art qui a conçu et
exécuté cette statue prodigieuse en pleine montagne
était déjà un art
complet et maître
de lui-même.

Fig. 2. — Snofroui vainqueur (d'après
un bas-relief du Sinaï).

Les générations
sans nom encore
qui se sont succé-
dé aux pieds du
Sphinx ont créé la
civilisation égyp-
tienne et l'ont dé-
veloppée, comme
en vase clos : leurs
monuments doivent exister et nous les découvrirons
quelque jour. En attendant, la réalité de l'histoire
ne commence pour nous qu'à la IIIe dynastie : le
dernier de ses souverains, Snofroui, est le premier
des Pharaons dont nous possédions un souvenir
authentique, un bas-relief, sculpté dans une des
vallées du Sinaï, et qui rappelle ses victoires sur les
barbares du désert d'Arabie (fig. 2).

RÉSUMÉ

1. Les Égyptiens croyaient qu'à l'origine le monde
avait été gouverné directement par les dieux ; Râ, le soleil,
avait été le premier roi. Après de longs siècles de domination divine, Ménès de Thinis aurait fondé les dynasties
humaines.

2. Les Égyptiens semblent être originaires d'Asie.
Leurs établissements les plus anciens étaient dans le Delta.

Ils conquirent le sol sur le Nil et sur le désert, et y constituèrent de petites principautés qui, divisées et remaniées plus tard, formèrent quarante-quatre divisions administratives ou *nomes*. Ces principautés se groupèrent en deux États, le Delta ou Basse-Égypte, la Haute-Égypte, qui, réunis par Ménès, constituèrent le royaume des Pharaons.

3. Le pharaon est donc un roi double pour ainsi dire, et son nom dérive de *Pir-âoui*, le double palais. Il descendait directement du Soleil, dont il s'intitulait le fils, et était un dieu vivant sur la terre. La série des pharaons fut divisée en trente et une dynasties par l'historien Manéthon. Les dix premières forment la *période memphite* ou *Ancien Empire*, les dix suivantes (xi-xx⁹) la *période thébaine*, divisée par l'invasion des Hyksos en *Moyen* et *Nouvel Empire*; les dernières sont englobées dans la *période saïte*.

4. La période memphite (entre 5000 et 3500) n'a presque point d'histoire. On ne sait rien des trois dynasties qui succédèrent à Ménès, si ce n'est les noms des rois et quelques récits de faits miraculeux. Le premier des pharaons dont nous ayons le souvenir authentique est le dernier de la iiiᵉ dynastie, Snofroui, qui fit la guerre aux nomades du Sinaï.

CHAPITRE III

MEMPHIS ET L'ANCIEN EMPIRE

1. La IV⁰ dynastie : Khéops, Khéphrèn, Mykérinos ; occupation
du Sinaï. — 2. Les grandes pyramides. — 3. Les derniers
rois memphites (v⁰ et vi⁰ dynasties) ; conquête de la Nubie.
— 4. Les dynasties héracléopolitaines et l'avènement des
dynasties thébaines.

**1. La IVᵉ dynastie : Khéops, Khéphrèn, Mykérinos ;
occupation du Sinaï.** — La plupart des rois qui com-
posèrent la ivᵉ dynastie (memphite) paraissent avoir
été des administrateurs habiles et heureux, Khéops,
Khéphrèn, Mykérinos. Leur activité n'eut pas beaucoup à s'exercer au dehors. L'Égypte, entourée de
déserts, n'a pas à proprement parler de voisins. Les
Libyens qui habitent les oasis à l'ouest du Nil, les
Bédouins qui rôdent à l'est entre le Nil et la mer
Rouge, peu nombreux et mal armés, pouvaient être
gênants, mais non redoutables : il suffisait de diriger
quelques razzias contre eux de temps en temps pour
les tenir en respect et préserver la vallée de leurs
incursions.

Sur un point seulement les vieux pharaons se décidèrent à sortir de chez eux et à établir une colonie

durable. La péninsule du Sinaï renfermait, dans celles de ses vallées qui sont tournées vers l'Égypte, des mines de cuivre et de turquoises assez riches. Des postes d'ouvriers s'y étaient installés de bonne heure, qui les exploitèrent pendant des siècles. Des barrages construits en différents points retenaient les eaux de pluie; elles formaient de petits lacs, qui rendaient possible la culture de quelques champs et l'entretien de quelques bestiaux. Les barbares voisins disputaient aux colons la possession de ces oasis artificielles; depuis Snofroui, plus d'un pharaon eut à repousser leurs attaques. Aucun d'eux n'eut la pensée de pousser à fond ses succès, et les cantons de l'Asie qui s'étendaient au delà du désert, ce qui fut plus tard la Palestine et la Judée, n'eurent guère avec l'Égypte memphite que des rapports commerciaux. Les caravanes seules, non les armées, allaient et venaient régulièrement entre l'Afrique et l'Asie.

2. Les grandes pyramides. — A l'intérieur la paix et la tranquillité étaient complètes. Les documents contemporains nous montrent l'agriculture et l'industrie partout florissantes; des centaines de tombeaux sont là pour témoigner du haut degré auquel l'architecture et la sculpture étaient parvenues.

La mode, en ce temps-là, était pour les rois de se construire, pendant leur vie, de grands tombeaux en forme de pyramides à base rectangulaire. On connaît aujourd'hui, dans la Moyenne-Égypte, les débris d'une soixantaine de pyramides, échelonnées des environs du Caire à l'entrée du Fayoum. Les plus célèbres, celles qu'on appelle les grandes Pyramides, s'élèvent sur le rebord de la chaîne libyque, un peu à l'ouest de la ville moderne de Gizéh (fig. 3).

Elles renferment toutes une ou plusieurs salles funéraires auxquelles on accède par des couloirs inclinés, ménagés dans l'épaisseur de la maçonnerie. La momie du roi mise en place, on fermait les chambres au moyen d'immenses blocs de granit, et on comblait entièrement la partie du couloir d'entrée la plus proche de l'extérieur : un revêtement en beau cal-

Fig. 3. — Les grandes Pyramides de Gizéh.

caire, étendu sur toutes les faces, dissimulait la porte. La plus grande des pyramides, la *Brillante*, comme l'appelaient les Égyptiens, a encore aujourd'hui cent trente-sept mètres de haut : elle servait jadis de sépulture à Khéops, mais elle ne conserve plus que la cuve du sarcophage en albâtre où le roi reposait. La voisine appartenait à Khéphrên, et la plus petite à Mykérinos.

Un cycle de légendes et de contes populaires s'attacha à ces trois monuments dès les temps anciens. « Khéops commença, disait-on, par fermer les temples et par défendre qu'on offrît des sacrifices, puis il contraignit tous les Égyptiens à travailler pour lui. Ils allaient à la corvée par cent mille hommes, qu'on relevait chaque trimestre. Leur temps de misère se répartit de la sorte ; dix années à construire la chaussée et les chambres souterraines, et, quant à la pyramide elle-même, on mit vingt ans pour la faire. Des inscriptions gravées sur elle marquent la valeur des sommes dépensées en raves, oignons et aulx pour les ouvriers employés aux travaux. » L'oppression se perpétua sous Khéphrên et ne cessa qu'à l'avènement de Mykérinos : « il rouvrit les temples et renvoya le peuple aux affaires et aux cérémonies religieuses ; enfin, il rendit la justice plus équitablement que tous les autres rois. » Ce sont là récits inventés à plaisir pour la joie des voyageurs ;

Fig. 4. — Khéphrên (d'après la statue en diorite du Musée de Gizéh).

Khéops et Khéphrên comptent parmi les plus grands souverains de l'Égypte (fig. 4).

3. Les derniers rois memphites (V^e et VIe dynasties); conquête de la Nubie. — La ve dynastie (memphite) paraît n'être en tout que le prolongement de la ive; c'est la même richesse, la même tranquillité, le même luxe de constructions, et c'est déjà pourtant le commencement de la décadence.

Les fondateurs de la royauté n'avaient point supprimé les princes héréditaires des nomes; ils les avaient réduits à la condition de vassaux et les avaient laissés en possession de leurs droits seigneuriaux, contre le payement d'un tribut et la prestation du service militaire. Cette féodalité n'avait cessé de prospérer pendant les siècles précédents : plusieurs des familles qui la composaient avaient des domaines étendus, et pouvaient devenir en temps de trouble des rivales dangereuses pour la famille régnante. On ne sait comment l'une d'elles, originaire d'Éléphantine, se substitua aux Memphites, mais elle régna avec gloire (vi^e dynastie). Son second roi, Pepi Ier, est le plus ancien conquérant égyptien dont nous connaissions les guerres; il fit des campagnes heureuses contre les peuplades situées à l'orient et à l'occident du Delta, abattit leurs figuiers, coupa leurs vignes, incendia leurs blés, emmena en esclavage leurs femmes et leurs enfants. Les cantons de la Nubie qui sont situés immédiatement au sud de la première cataracte furent soumis, et leurs habitants enrôlés dans les armées égyptiennes.

Les Memphites reprirent le dessus après un siècle et demi (viie et viiie dynasties), mais les beaux jours étaient finis pour eux. Les plus puissantes des principautés féodales étaient alors celles de la Moyenne-Égypte ; les seigneurs d'Héracléopolis, maîtres du Fayoum, ceignirent la couronne et renversèrent les Pharaons légitimes. Désormais Memphis ne fournit plus aucune dynastie à l'Égypte.

4. Les dynasties héracléopolitaines et l'avènement des dynasties thébaines. — La suprématie d'Héracléopolis dura peu (IXe et X^e dynasties). Elle trouva bientôt dans le sud du pays des adversaires résolus. Thèbes n'avait jusqu'alors joué aucun rôle dans l'histoire ; elle ne commença à prendre de l'importance qu'après la chute des Memphites. D'abord vassale d'Héracléopolis, elle se révolta et ses princes, après s'être maintenus victorieusement contre les Pharaons de la Xe dynastie, leur arrachèrent la couronne (vers 3200 av. J.-C.).

L'avènement de la XIe dynastie (thébaine) marque le terme du mouvement qui avait commencé aussitôt après la chute de la Ve. La vie politique du pays, concentrée tout entière au début dans la Moyenne-Égypte, s'était déplacée peu à peu. Elle avait pour ainsi dire remonté le fleuve, s'était arrêtée quelque temps sur le cours moyen, puis avait passé outre ; Thèbes recueillit la suprématie échappée à Memphis et la garda pendant plus de vingt siècles.

RÉSUMÉ

1. L'activité des rois de la IVe dynastie. Khéops, Khéphrên, Mykérinos, n'eut pas à s'exercer beaucoup au dehors. Ils ne sortirent de l'Égypte même qu'afin d'occuper la

péninsule du Sinaï, où ils établirent des colonies durables pour l'exploitation des mines.

2. A l'intérieur, la paix et la tranquillité étaient complètes : les pharaons pouvaient appliquer toutes les ressources dont ils disposaient à la construction de leurs tombeaux. Ce sont des *Pyramides*, échelonnées du Fayoum au Caire, sur le rebord de la chaine libyque. Les plus connues, celles de Gizéh, ont été bâties la plus haute par Khéops, la moyenne par Khéphrèn, la moindre par Mykérinos. La légende populaire les représenta plus tard comme l'œuvre de rois cruels et impies.

3. La décadence de la puissance memphite commence avec la ve dynastie : les princes féodaux de la Moyenne-Egypte croissent en importance, et une dynastie originaire d'Éléphantine, la vi^e, monte sur le trône. Un de ses souverains, Pépi Ier, commence la conquête de la Nubie et lutte avec succès contre les peuples situés à l'est et à l'ouest du Delta. Bientôt après lui, Memphis reprend la suprématie (viie et viiie dynasties), qu'elle perd à jamais au bout de quelques générations.

4. Deux dynasties héracléopolitaines (ixe et x^e) ménagent la transition entre l'Ancien et le Moyen-Empire. L'Egypte du Sud naît à la vie politique : les rois de la xie dynastie conquièrent le pays entier après de longues luttes et lui donnent Thèbes pour capitale (vers 3200).

CHAPITRE IV

THÈBES ET LES RAMSÈS

1. La XIIe et la XIIIe dynastie : constitution de la grande Égypte. — L'arrivée au pouvoir des princes du Midi donna une direction nouvelle aux destinées de l'Égypte. Autant leurs prédécesseurs memphites avaient été pacifiques, autant ils se montrèrent belliqueux et conquérants. Pendant la première partie de leur domination, qu'on appelle le Moyen-Empire, l'effort de leurs armes porta presque exclusivement sur l'Éthiopie, ce qui s'explique aisément par le site de leur capitale. Plus rapprochés que leurs prédécesseurs de la frontière nubienne, ils sentirent plus vivement qu'eux la nécessité de mettre la main sur les contrées que le Nil arrose dans son cours supérieur. Ils ne se contentèrent plus, comme Pépi Ier l'avait fait, de diriger contre elles quelques expéditions aux résultats passagers : ils en entreprirent la conquête et l'occupation définitive.

La XIIe dynastie (de 3200 à 3000 environ) porta les limites de l'empire au delà de la deuxième cataracte. Les Amenemhâit et les Ousirtasen, qui la composent, établirent, entre Syène et Ouady-Halfah, des colonies égyptiennes, appuyées de forteresses qui commandaient la navigation de la rivière. La XIIIe dynastie avança progressivement jusqu'au delà de la quatrième cataracte, et les monuments de ses rois subsistent encore çà et là au sud de Ouady-Halfah. Ce fut une prise de possession complète. Les habitants ou furent chassés ou s'assimilèrent aux conquérants ; la langue, les écritures, les mœurs, la religion des Thébains s'implantèrent au lieu et place des langues, des mœurs et des religions indigènes ; le territoire fut divisé en nomes, organisés de la même manière que les nomes situés au nord de Syène.

Les deux premières dynasties thébaines constituèrent donc, au lieu de l'Égypte primitive arrêtée à la première cataracte, une grande Égypte entièrement tournée vers l'Afrique et préoccupée avant tout de s'agrandir au midi. Leurs guerres, poussées à fond contre des tribus peu nombreuses et sans consistance, n'exigeaient que peu de forces et ne risquaient point d'appauvrir le pays ou d'en affaiblir la population. Le Moyen-Empire donna à l'Égypte cinq siècles au moins de paix intérieure et de prospérité.

Thèbes, placée presque au milieu de la longue ligne qui s'étend de la quatrième cataracte à la Méditerranée, était la capitale indiquée de cette nouvelle

Égypte. Elle n'avait rien à craindre des nomes nubiens, trop récents encore de fondation pour concevoir l'espérance de se rendre indépendants d'elle ; mais les villes du Delta ne pouvaient oublier leur grandeur passée. L'une d'elles, Xoïs, profita des révolutions qui troublèrent la fin de la xiiiᵉ dynastie pour imposer ses princes, et pour ramener l'Égypte entière sous l'autorité des populations du Delta.

2. Les Hyksos. — Elle ne sut pas la défendre contre l'invasion étrangère. « Il nous vint, dit Manéthon, un « roi nommé Timæos. Sous ce roi donc, je ne sais « pourquoi, Dieu souffla sur nous un vent défavo-« rable ; et, contre toute vraisemblance, des parties de « l'Orient, des gens de race ignoble, arrivant à l'im-« proviste, envahirent le pays et le subjuguèrent aisé-« ment et sans combat. » Ce fut comme une nuée de sauterelles qui s'abattit sur le Delta : le premier moment passé, ces pasteurs élurent comme roi un de leurs chefs, Salatis, et le firent reconnaître par tous les princes indigènes (entre 2300 et 2200).

La domination des Hyksos (rois-pasteurs) dura environ six siècles. Retranché sur la frontière du Delta, dans le camp d'Avaris, le peuple conserva, au moins quelque temps, sa rudesse native : les rois se civilisèrent bientôt et devinrent de véritables pharaons. Ils bâtirent des temples, élevèrent des statues, se servirent de l'égyptien comme langue officielle, fournirent deux dynasties (xvᵉ et xviᵉ) reconnues de tous. Puis, les princes des nomes du midi, placés trop loin du Delta, recouvrèrent leur indépendance, et se groupèrent autour des souverains de Thèbes contre les des-

cendants des étrangers. La xvⁱⁱᵉ dynastie (thébaine)
mit un siècle et demi à reconquérir le Fayoum et le
Delta. Le premier pharaon de la xvⁱⁱⁱᵉ, Ahmosis, prit
Avaris et chassa en Syrie ce qui subsistait des pasteurs (entre 1700 et 1650) : Thèbes devint pour la
deuxième fois la capitale de l'Égypte.

**3. La XVIIIᵉ dynastie : ses guerres dans le bassin
du Nil.** — Comme la première domination thébaine,
la seconde fut une époque de gloire militaire : toutefois l'effort de la conquête ne porta pas sur les mêmes
régions qu'auparavant. La Nubie était demeurée
égyptienne au temps des Pasteurs : les monarques
thébains n'eurent pas beaucoup à faire pour lui rendre son antique prospérité. Ils poussèrent la colonisation jusqu'aux environs de Berber : au delà, ils
n'eurent plus que des vassaux et des alliés. De temps
en temps ils dirigeaient une expédition le long du Nil,
contre les oasis du Darfour ou dans les plaines du
Sennaar : ils brûlaient les villages, emmenaient les
bestiaux, ramassaient le plus de prisonniers qu'ils
pouvaient et revenaient sans laisser derrière eux ni
colonies, ni garnisons. Ils poussèrent leurs courses
jusqu'au pied des montagnes d'Abyssinie, mais ne se
hasardèrent pas à y pénétrer. Parfois ils envoyèrent
le long de la mer Rouge une escadre qui allait chercher de l'encens, des parfums, de l'ivoire, des bois
précieux au pays de Pounit (Somalis et Yémen), et
qui établissait un semblant de suzeraineté sur les tribus de la côte. Elle ne rencontrait là aucun peuple
civilisé qui pût lui opposer une résistance sérieuse.

4. Conquête de la Syrie : Thoutmosis III. — La Syrie

au contraire devint le champ de bataille favori des pharaons. Elle n'était pas inconnue avant la XVIIIᵉ dynastie, mais on ne l'avait jamais abordée : Ahmosis y suivit les restes des Pasteurs, Thoutmosis Iᵉʳ la parcourut jusqu'à l'Euphrate (vers 1580), Thoutmosis III (fig. 5) la soumit tout entière (entre 1560 et 1530).

Elle était occupée au sud et au centre par les Cananéens, par les Phéniciens sur la côte, au nord par les Khiti et par des tribus en partie sémitiques, auxquelles les Égyptiens donnaient le nom générique de Rotenou. L'influence de Babylone y était prépondérante : ses mœurs et sa religion étaient analogues aux mœurs et à la religion babyloniennes, la langue de

Fig. 5. — Le Pharaon Thoutmosis III.

Babylone y était partout comprise, l'écriture de Babylone était celle dont on s'y servait le plus communément. Les Égyptiens, survenant au milieu de peuples aussi policés qu'ils l'étaient eux-mêmes, ne pouvaient songer à y fonder des colonies et à se les assimiler, comme ils avaient fait les Nubiens. Ils leur laissèrent leurs lois, leurs constitutions, leurs dynasties locales, et se contentèrent d'exiger d'eux une redevance annuelle ou parfois le service militaire. Ils occupèrent un petit nombre de places fortes comme Gaza

Fig. 6. — Les ruines du temple d'Amon à Karnak.

et Mageddo, qui jalonnaient la route de leurs armées, et ils envoyèrent chaque année par les villes des messagers royaux, qui levaient le tribut et réglaient les affaires en litige entre le pharaon et ses vassaux.

Le lien qui retenait l'une à l'autre les diverses parties de cet empire était fort lâche et se brisait souvent : c'étaient à chaque moment des refus d'acquitter l'impôt, des soulèvements de cités isolées, même une révolte générale où le pays entier prenait part. Le pharaon et ses lieutenants finissaient toujours par en avoir raison et par rétablir l'ordre tant bien que mal. La suprématie égyptienne dura de la sorte sans grande solidité, mais sans grands revers, pendant un siècle, de Thoutmosis III à Aménothès IV : les rois de l'Assyrie et de la Chaldée eux-mêmes la reconnurent, et jugèrent prudent d'entretenir de bons rapports avec leurs puissants voisins.

5. La XIXᵉ dynastie et ses luttes contre les Khiti : Ramsès II. — Elle commença à décliner sous Aménothès IV (vers 1430). Thèbes, capitale de l'Egypte, avait profité largement de la conquête, et son dieu Amon s'était enrichi démesurément aux dépouilles des nations vaincues[1]. Son temple de Karnak (fig. 6) était devenu presque aussi grand qu'une ville; ses domaines, sans cesse augmentés par des donations nouvelles, couvraient la vallée du Nil et s'étendaient jusqu'en Asie, ses grands prêtres devinrent les plus hauts personnages dans l'État et portèrent bientôt ombrage

1. Sur Amon, voir le chapitre des *Lectures historiques* intitulé *Amon, le grand dieu de Thèbes*, p. 58 et suiv.

au pharaon. Aménothès III avait déjà essayé de réagir contre leur influence en favorisant le culte du dieu d'Héliopolis, le Soleil. Son fils Aménothès IV imagina qu'il pourrait la détruire : il transporta le siège du gouvernement dans une ville nouvelle, qu'il bâtit dans la Moyenne-Égypte, et dont le dieu protecteur Atonou, le disque solaire, dut être désormais le dieu de la dynastie. Ses successeurs immédiats tentèrent de continuer son œuvre, mais ils échouèrent devant l'opposition du peuple et des nobles : Thèbes reprit son rang de capitale, Amon sa dignité de patron de l'Égypte, et un roi orthodoxe, Harmaïs, marqua l'avènement d'une dynastie nouvelle (XIXe).

Les troubles que les prétentions de ces souverains hérétiques avaient suscités donnèrent occasion aux vassaux syriens de se révolter. Au même moment que l'Égypte s'affaiblissait en querelles

Fig. 7. — Le roi Séti Ier, d'après une des figures de son tombeau.

intestines, un chef khiti réunissait sous son autorité les tribus de son peuple, mettait la main sur Karkémish, et fondait un royaume dont la puissance s'étendait, d'une part sur la Cilicie et les parties voisines de l'Asie Mineure, de l'autre sur le bassin de l'Oronte. Les premiers princes de la XIXe dynastie, Ramsès Ier et Séti Ier (fig. 7), ne réussirent pas à l'abattre ; et Ramsès II, le Sésostris des Grecs, après une guerre qui dura près de vingt ans[1], fut contraint de reconnaître le fait accompli, et de traiter en égal Khitisarou, le roi des Khiti (fig. 8). Désormais la domination égyptienne ne fut plus maintenue que sur la Phénicie et la Syrie méridionale : la Syrie du Nord forma entre l'Égypte et l'Assyrie un État indépendant (vers 1350).

6. Ramsès III : décadence de la puissance égyptienne. — La décadence s'accentua davantage dans le siècle qui suivit. Les peuples de l'Archipel et des côtes de l'Asie Mineure ou de la Grèce, les *Peuples de la mer*, envahirent le Delta de concert avec les Libyens sous Mînéphtah, fils de Ramsès II. Battus par lui, ils revinrent à la charge sous ses

Fig. 8. — Roi khiti, en adoration devant la divinité (d'après le bas-relief d'Ibriz).

successeurs : les révoltes des princes des nomes favorisèrent leurs entreprises, le pharaon fut détrôné et remplacé quelques années durant par un aventurier syrien, jusqu'au moment où un rejeton de l'ancienne famille solaire, Ramsès III, rétablit l'intégrité de l'Égypte sous l'autorité de la XXe dynastie. Il battit les peuples de la mer, battit les Libyens et reconquit la Syrie méridionale (vers 1260). Ses successeurs, qui tous portèrent le nom de Ramsès, conservèrent pen-

1. L'épisode principal de cette guerre, la bataille de Qodshou, est raconté en détail dans les *Lectures historiques*, p. 181-203.

dant un siècle encore la possession de quelques villes au pays des Philistins et la suzeraineté sur une partie du territoire voisin (de 1200 à 1100).

RÉSUMÉ

1. L'arrivée au pouvoir des princes du midi changea les destinées de l'Égypte : les dynasties thébaines aiment la guerre et la conquête. Les premières d'entre elles (XIIe et XIIIe) portent leur effort principal sur les contrées du Nil supérieur, colonisent la Nubie jusqu'à la quatrième cataracte et constituent une grande Égypte dont Thèbes est le point central. Une réaction ramène momentanément au pouvoir une dynastie du Delta, la XIVe, xoïte.

2. Elle ne sait pas défendre le pays contre les Hyksos, qui l'envahissent vers 2300 et dominent pendant six siècles. Ils sont expulsés enfin, après de longues luttes, par le roi thébain Ahmosis, fondateur de la XVIIIe dynastie.

3. Les pharaons de la XVIIIe dynastie conservent et même étendent le domaine conquis par les rois du Moyen-Empire dans le bassin du Nil.

4. Toutefois ils s'attaquent de préférence à l'Asie, où Thoutmosis III (entre 1560 et 1530) conquiert la Syrie jusqu'à l'Euphrate. Leur empire, formé de villes et de peuples astreints au tribut, et maintenus dans l'obéissance par quelques garnisons égyptiennes, se conserve intact pendant un siècle environ (1530-1430).

5. Il commença à décliner pendant les guerres civiles qu'entraîna la tentative malheureuse d'Aménothès IV de substituer le culte du disque solaire à celui d'Amon. Les pharaons guerriers de la XIXe dynastie, Séti Ier et Ramsès II-Sésostris (entre 1400 et 1300), ne purent le rétablir com-

plètement, et le royaume des Khiti forma désormais un état indépendant dans la Syrie du Nord.

6. La décadence s'accentua dans le siècle qui suivit, malgré les victoires de Minéphtah et de Ramsès III sur les Libyens et les *Peuples de la mer*. Les Ramessides de la xxe dynastie perdirent en un siècle, de 1200 à 1100, toutes les conquêtes de leurs prédécesseurs en Asie.

CHAPITRE V

L'ÉGYPTE CONQUISE

1. Décadence de Thèbes : la xxie dynastie, tanite. — 2. Sheshonq Ier : division de l'Égypte en petits états. — 3. Lutte entre les Saïtes et les Éthiopiens : la domination assyrienne. — 4. Ruine de la grande Égypte : les Saïtes, la conquête perse.

1. Décadence de Thèbes : la XXIe dynastie tanite. — Au début du Nouvel Empire, Thèbes avait été le centre réel de l'Égypte : placée à distance presque égale entre le Delta et la Haute-Nubie, elle marquait le point d'où l'autorité des pharaons s'exerçait le plus aisément sur les deux extrémités de leur empire. La soumission de la Syrie au nord, l'extension de la colonisation égyptienne au sud, qui d'abord l'enrichirent, ne tardèrent pas à lui devenir défavorables. Les pharaons, sans cesse occupés à comprimer les révoltes de l'Asie ou à repousser les invasions des peuples de la mer, s'aperçurent bien vite qu'une ville enfoncée à plus de cent lieues dans l'intérieur était un mauvais quartier général pour eux. Ils prirent l'habitude de séjourner dans les cités du Delta; Memphis, Saïs, Bubaste, Tanis reparurent à la vie politique.

Thèbes, n'étant plus nourrie par la conquête, s'appauvrit, tomba sous l'influence toujours croissante des grands prêtres d'Amon : quand le dernier des Ramsès mourut (vers 1100), deux compétiteurs se présentèrent pour prendre sa place, le grand prêtre Hrihor à Thèbes, le Tanite Smendès dans le Delta. Le Tanite l'emporta, et la dynastie qu'il fonda mit fin à la domination séculaire de Thèbes.

Thèbes ne se laissa pas détrôner sans résistance. Appuyée sur l'Éthiopie, dont la religion et la constitution procédaient directement de la religion et de la constitution thébaines, elle forma une principauté très étendue, qui allait des plaines du Sennaar jusqu'au delà de Siout, et qui avait pour chef le dieu Amon, ou plutôt le représentant du dieu sur terre, le grand prêtre. Les grands prêtres reconnurent par force la suzeraineté des pharaons du Delta, mais ceux-ci ne surent pas durer. Appuyés sur des bandes de mercenaires, ils avaient permis à leurs chefs de s'emparer des principales villes du pays et de s'y créer des fiefs militaires presque indépendants : une famille de Libyens établie à Bubaste s'empara peu à peu des grandes charges de l'état et monta sur le trône avec Sheshonq Ier (vers 940).

2. Sheshonq Ier : division de l'Égypte en petits états. — Sheshonq mit la main sur la principauté de Thèbes et réunit sous son autorité les deux moitiés de l'Égypte. Il intervint dans les affaires des Hébreux, prit Jérusalem sur le roi Roboam (vers 925) et rétablit quelque chose du prestige que l'Égypte avait jadis exercé au dehors.

Après lui, l'anarchie recommença de plus belle. Les chefs libyens restreignirent peu à peu l'autorité du pharaon sur quelques villes, puis la renversèrent, et quelques-uns d'entre eux prenant les titres royaux, le Delta et la Moyenne-Égypte se trouvèrent partagés entre une vingtaine d'états, de force à peu près égale. Au sud, les descendants des grands prêtres d'Amon, réfugiés en Éthiopie, s'y étaient taillé un empire dont la capitale était Napata (le Gebel Barkal) : ils avaient pris Thèbes, et réclamaient le reste du pays du droit de leurs ancêtres. Cependant, un petit chef libyen du nom de Tafnakhti (vers 750) s'était saisi de Saïs, puis de Memphis, et avait établi sa suprématie sur la plupart des villes du Delta. Celles qu'il n'avait pas encore réduites appelèrent le roi d'Éthiopie, Piônkhi : celui-ci accourut, vainquit Tafnakhti et rétablit l'unité de l'Égypte au profit de sa race.

Mais Napata, le siège de la puissance éthiopienne, était trop éloignée de la Méditerranée pour qu'un roi y résidant pût aisément maintenir son autorité sur la vallée entière ; d'autre part Saïs et les autres villes du Delta étaient trop remuantes pour obéir autrement que contraintes à un souverain perdu dans l'intérieur de l'Afrique. La lutte s'engagea donc entre les descendants de Tafnakhti et ceux des grands prêtres d'Amon, entre le Delta et l'Éthiopie, pour savoir qui resterait maître de l'Égypte.

3. Lutte entre les Saïtes et les Éthiopiens : la domination assyrienne. — Elle dura presque un siècle (entre 750 et 650) avec des fortunes diverses. Le fils de Tafnakhti, Bocchoris, l'emporta pendant quelques années (xxive dynastie, saïte), puis Sabacon le détrôna et parut un moment assez solidement établi pour qu'on ait fait de lui le chef d'une dynastie officielle (xxve, éthiopienne). Son intervention malheureuse dans les affaires de Syrie attira sur l'Égypte les désastres de l'invasion étrangère.

C'était le moment où les Assyriens, vainqueurs des rois de Damas et d'Israël, serraient de près Tyr et la Judée. Les armées éthiopiennes, accourues au secours d'Ézéchias de Juda et des princes philistins, furent battues par Sargon et par Sennachérib : l'Égypte n'échappa à la ruine que par un miracle. L'armée de Sennachérib fut détruite au moment où elle allait y pénétrer, les Hébreux disaient par l'épée de l'ange du Seigneur, les Égyptiens par l'intervention du dieu Phtah (701).

Cette leçon ne profita pas au troisième roi de la dynastie, Taharqou (fig. 9) : les intrigues qu'il noua en Syrie, parmi les vassaux de Ninive,

Fig. 9. — Taharqou, d'après une statue brisée du Musée de Gizéh.

attirèrent sur lui la colère d'Asarhaddon. Il fut battu, rejeté en Éthiopie, Memphis prise, et le pays placé sous l'autorité d'un satrape assyrien (672). Les Éthiopiens revinrent trois fois à la charge en dix ans (671-660) et furent repoussés trois fois par le successeur d'Asarhaddon, Assourbanipal. La famille saïte profita de leurs revers. Ses chefs, Néchao Ier puis Psammétique, oscillant sans cesse entre l'Assyrie et l'Éthiopie au mieux de leurs intérêts, non seulement conservèrent leurs domaines, mais acquirent une autorité réelle sur les autres princes féodaux. Psammétique Ier, monté sur le trône en 666, se débarrassa successivement de tous ses compétiteurs, grâce au concours de mercenaires ioniens et cariens qu'il engagea à son service : son mariage avec une princesse éthiopienne lui donna la principauté de Thèbes et la suzeraineté sur le sud de l'Égypte. Vers 655, il profita de ce qu'Assourbanipal était occupé en Élam pour refuser le tribut à l'Assyrie et pour proclamer son indépendance.

4. Ruine de la grande Égypte : les Saïtes, la conquête perse. — La famille saïte triomphait, mais son triomphe même consommait le démembrement de la monarchie. Psammétique n'essaya même pas de reconquérir la Nubie et l'Éthiopie : la grande Égypte des dynasties thébaines, celle qui s'étendait des plaines du Sennaar à la Méditerranée, resta désormais séparée en deux tronçons indépendants l'un de l'autre. Au sud, le royaume de Napata, puis celui de Méroé, continuèrent de représenter, dans les régions du haut Nil, la tradition théocratique des grands prêtres d'Amon : isolés du reste du monde, ils s'imprégnèrent rapidement d'éléments peu civilisés au contact des tribus africaines qui les entouraient, et retombèrent peu à peu dans l'état de barbarie. Au nord, l'Égypte propre, ramenée à la frontière de l'époque memphite, la première cataracte, entra dans le concert des peuples de l'Asie et de la Grèce. Sa richesse, l'industrie et la puissance productrice de ses habitants, sa position géographique lui assurèrent dans l'histoire de ce monde nouveau un rôle moins brillant peut-être, mais non moins important que celui qu'elle avait joué dans le monde ancien.

Psammétique Ier s'occupa avant tout de rétablir l'ordre. Il réduisit les grands seigneurs à n'être que des vassaux obéissants, protégea l'agriculture et l'industrie, reconstruisit les temples, travailla de son mieux à faire disparaître les ruines que trois siècles de guerres civiles et d'invasions étrangères avaient accumulées sur le sol. Il développa les anciennes relations commerciales de son royaume avec la Phénicie et en institua de nouvelles avec les peuples de l'Hellade. Il attira les Grecs chez lui, en partie pour recruter parmi eux un noyau d'armée solide, et leur concéda sur plusieurs points de la côte des terrains où ils bâtirent des factoreries. Son long règne (666-611) fut pacifique, et il assista à la décadence de la monarchie assyrienne sans vouloir en profiter.

Ses successeurs ne montrèrent point la même réserve. Néchao II (611-595) envahit la Syrie, dans les années qui précédèrent la chute de Ninive (608). Il écrasa en chemin, à Mageddo, le roi de Juda Josias, et monta jusqu'à l'Euphrate. Battu à Karkémish, par Nabuchodorosor, trois ans plus tard (605), il perdit en un seul jour ce qu'il avait conquis, et se contenta désormais d'exciter contre le Chaldéen les petits rois de Juda, de Moab, d'Ammon et de la Phénicie. Son fils Psammétique II mourut trop jeune pour rien faire

(595-589), mais Apriès, qui vint ensuite, reprit ses
projets. S'il ne put empêcher la chute de Jérusalem
(586), il aida du moins Tyr à résister victorieusement
à Nabuchodorosor et établit un moment son autorité
sur la côte phénicienne. Une guerre malheureuse
contre la colonie grecque de Cyrène eut pour résultat
un soulèvement général des Égyptiens : Apriès, soutenu seulement par ses mercenaires ioniens, fut défait
à Momemphis, mis à mort, et remplacé par Amasis,
qui n'appartenait pas à la famille royale.

Amasis (569-526) fut le dernier des grands pharaons de race indigène. Après avoir repoussé au début
de son règne l'attaque des Chaldéens, il évita scrupu-
leusement toute guerre offensive et se contenta de
tenir le pays en état de défense. Plus encore que ses
prédécesseurs, il s'appuya sur l'élément hellénique.
Il concéda aux Grecs, non loin de Saïs, un emplace-
ment où ils fondèrent la colonie de Naucratis, et s'entoura d'une garde grecque. Au dehors, il essaya par
des alliances avec la Lydie et la Chaldée de retarder
l'accroissement démesuré de la puissance perse, et
réussit à éviter une guerre avec Cyrus. Il mourut en
526, au moment où Cambyse était déjà en marche pour
l'attaquer, et ce fut son fils Psammétique III qui porta
le poids de l'invasion. Psammétique fut vaincu à
Péluse, fait prisonnier dans Memphis, après six mois
de règne (526-525), et l'Égypte, placée aux ordres d'un
satrape, tomba au rang de simple province dans l'empire perse.

RÉSUMÉ

1. Les guerres syriennes, forçant les pharaons à résider sur la frontière d'Asie, firent renaître la vie politique dans les villes du Delta. Après la mort du dernier Ramesside, Tanis proclama une dynastie nouvelle, la xxiᵉ, et Thèbes déchue ne fut plus que la capitale d'un fief gouverné par les grands prêtres d'Amon.

2. Le premier roi de la xxiiᵉ dynastie, Sheshonq, prit Jérusalem (924), mais ses descendants ne surent pas maintenir l'unité de l'Égypte. La vallée du Nil se partagea en petits états ; le prince de Saïs, Tafnakhti, essaya de les réunir vers le milieu du viiiᵉ siècle, mais en fut empêché par Piônkhi, prince de Napata, et l'Éthiopie établit sa suzeraineté sur l'Égypte entière.

3. Elle l'exerça presque un siècle (entre 750 et 650), et trois de ses rois formèrent la xxvᵉ dynastie éthiopienne. Le dernier d'entre eux, Taharqou, fut vaincu par Asarhaddon et chassé au delà de la première cataracte : les Assyriens dominèrent de la Méditerranée à Syène pendant une vingtaine d'années (de 673 à 650 environ). Ils en furent chassés par le Saïte Psammétique Iᵉʳ, dont le triomphe consomma pourtant le démembrement de la grande Egypte en deux royaumes : celui d'Éthiopie au sud avec Napata et Méroé pour capitales, celui de l'Égypte propre entre la première cataracte et la Méditerranée. L'œuvre des dynasties thébaines était détruite et le domaine des pharaons ramené aux dimensions qu'il avait sous les dynasties memphites.

4. La xxviᵉ dynastie, saïte, eut près d'un siècle et demi de durée (666-525). Son fondateur Psammétique Iᵉʳ (666-

611) fut un souverain pacifique, qui s'attacha à développer la richesse de ses sujets et attira auprès de lui des mercenaires et des marchands grecs. Les tentatives de ses successeurs pour conquérir la Syrie et Cyrène aboutirent à la défaite de Néchao (611-595), près de Karkémish (605), et à la déposition d'Apriès (569). Amasis (569-526), le dernier des grands pharaons, ouvrit largement la vallée du Nil aux Grecs. Son fils Psammétique III régna quelques mois à peine (526-525); il fut battu à Péluse par Cambyse et l'Égypte réduite en province de l'empire perse.

CHAPITRE VI

LA RELIGION ÉGYPTIENNE

1. Les principaux dieux de l'Égypte. — 2. L'Ennéade héliopolitaine : la création du monde. — 3. Prépondérance du Soleil sur les autres dieux. — 4. Osiris et les destinées de l'âme humaine.

1. Les principaux dieux de l'Égypte. — Les Égyptiens passaient dans l'antiquité pour être le plus religieux des peuples : de fait, à considérer leurs monuments, on dirait que le pays était habité surtout par des dieux et ne contenait d'hommes que ce qu'il en fallait pour les besoins du culte. Chaque principauté, et plus tard chaque nome, adorait sa divinité suprême, dont l'autorité s'arrêtait à la frontière : l'Égypte avait sa féodalité divine comme elle avait sa féodalité humaine.

Les dieux représentaient parfois le Nil, comme Osiris de Mendès ou Khnoumou des cataractes, parfois la terre noire et féconde comme Isis de Bouto et Phtah de Memphis, parfois le ciel comme Haroêris, ou surtout le soleil comme Râ d'Héliopolis, Anhouri de Sébennytos et de Thinis. Les uns avaient figure d'homme, comme Phtah, Osiris, Amon, d'autres étaient des animaux, un bélier, un bouc, un lion, un taureau Hapis ou Mnévis, un chacal comme Anubis, un épervier comme Horus. L'habitude de les représenter de ces deux façons amena promptement les Égyptiens à leur prêter des figures composites, où les formes de l'homme se mêlaient à celles de la bête : Horus est alors un homme à tête d'épervier, Anubis un homme à tête de chacal, Hathor une femme à tête de vache. Les divinités principales sont escortées d'une multitude de divinités secondaires, qui composent autour d'elles comme une cour et un peuple presque aussi nombreux que le peuple des vivants.

Tous ces êtres avaient un corps plus ténu que le nôtre et par suite invisible, mais qu'on pouvait atteindre, blesser, détruire même, comme le nôtre. Ils mangeaient, buvaient, se vêtaient, et la meilleure manière pour les hommes de se les rendre favorables était de leur donner les objets nécessaires à leur vie. Leur culte était, à proprement parler, une série de pratiques par lesquelles on leur envoyait, de notre monde au leur, tout ce dont ils avaient besoin pour subsister. On leur procurait, par l'offrande et le sacrifice des bestiaux ou des volailles, la viande, le pain, le vin, les liqueurs, les gâteaux, les fruits de leur repas ; les prières dont on accompagnait la cérémonie déclaraient à la fois le dieu qu'on désirait gratifier de toutes ces bonnes choses et les faveurs qu'on réclamait de lui en échange.

2. L'Ennéade héliopolitaine : la création du monde. — De même que les princes, les dieux féodaux s'alliaient par le mariage et entretenaient l'un avec l'autre des relations de bon voisinage, qui résultaient souvent en un échange de leurs attributs et en une confusion de leurs personnes. Ainsi les dieux du ciel comme Haroêris s'assimilèrent à ceux du soleil comme Râ, et ceux qui représentaient le soleil, comme Râ, Anhouri, etc., se pénétrèrent au point de ne plus former qu'un même être qu'on adora dans toute l'Égypte. D'autres au contraire se prirent de haine, comme Osiris et Typhon, et essayèrent de s'entre détruire. La vie du monde avait été produite et se conservait par leurs efforts combinés, et les théologiens avaient imaginé plusieurs systèmes pour définir le rôle de chacun d'eux au moment de la création.

Le plus populaire de tous, celui qui prévalut dès avant Ménès, était l'œuvre des prêtres d'Héliopolis. Il attribuait la création à une Ennéade, à une succession de neuf dieux et déesses, dont chacun avait eu sa part à la constitution et au développement du monde. Au commencement, l'univers était une masse d'eau ténébreuse, au fond de laquelle le soleil se cachait : il parut, et la terre et le ciel sortirent de l'eau, encore confondus et étendus l'un sur l'autre. Râ, le soleil, fut donc le premier dieu ; à un signal qu'il donna, un premier couple divin, Shou et Tafnouit, naquit. Shou s'introduisit entre le ciel et la terre, les sépara, enleva le ciel sur ses bras et le suspendit dans l'espace (fig. 10) : ce fut l'origine du second couple divin, Sibou la terre, et Nouit le ciel.

Le monde, qui résulte de l'œuvre combinée de ces cinq dieux, est une sorte de boîte rectangulaire, enveloppée de l'eau primitive : a terre en est le plancher, le ciel le couvercle, les parois sont les hautes montagnes qui soutiennent le ciel, comme les murs d'une maison en soutiennent le toit, et qui l'empêchent de tomber sur la terre. Un fleuve immense court le long de ces murailles, un peu au-dessous du plafond céleste : son cours, à ciel ouvert dans la partie sud, se creuse un lit à travers la montagne dans la partie nord, et circule dans un long souterrain. La barque

Fig. 10. — Shou debout entre Sibou, la terre, et Nouit la ciel (d'après une peinture de cercueil thébain).

du Soleil, qui y navigue perpétuellement, sort chaque matin de ce tunnel à l'orient, descend vers le sud en éclairant l'Égypte, puis rentre dans la montagne à l'occident chaque soir : les douze heures qu'il emploie à la traverser sont les douze heures de la nuit. Deux autres couples, fils de la terre et du ciel, achevèrent la constitution du monde. Le premier, composé d'Osiris et d'Isis, le civilisa, ainsi que je l'ai dit plus haut. Le second, formé de Typhon et de Néphthys, y introduisit le mal et la mort.

3. **Prépondérance du Soleil sur les autres dieux.** — La neuvaine héliopolitaine fut adoptée par tous les sanctuaires de l'Égypte, avec quelques modifications. On y garda l'ordre des huit dieux, mais on substitua à Râ, en tête de la liste, le dieu local, Phtah à

Memphis, Amon à Thèbes, Khnoumou aux cataractes. Cette substitution ne se fit pas si complètement qu'on cessât d'attribuer au Soleil le rôle décisif dans l'œuvre de la création, et l'on en arriva bientôt à identifier avec le Soleil tous les dieux chefs de Neuvaine, quelque caractère qu'ils eussent à l'origine : Phtah, Amon, Khnoumou devinrent des soleils, et le Soleil régna en maître dans toutes les religions féodales du pays. De là à reconnaître et à proclamer que le Soleil était le seul dieu, ou plutôt qu'il y avait un dieu unique, le Soleil, dont tous les autres soi-disant dieux n'étaient que les noms, il n'y avait qu'un pas. Les Égyptiens ne le firent pas. La vanité locale les empêcha toujours de renoncer à l'idée que leur dieu était un être distinct et supérieur aux autres dieux, ses voisins : la notion de l'unité de dieu ne fut jamais très répandue parmi eux, si même elle exista.

Il arriva seulement plusieurs fois que les circonstances politiques donnèrent à l'un des dieux locaux une suzeraineté momentanée sur les autres. La grandeur de Thèbes à partir de la xiie dynastie fit, par exemple, la grandeur d'Amon. Tout le temps qu'elle dura, Amon fut vraiment le roi des dieux, non seulement des dieux étrangers, mais des dieux indigènes, et Phtah, Haroêris, Khnoumou, ses égaux pourtant dans l'esprit de leurs fidèles, furent en réalité ses vassaux, de la même façon que les princes des nomes où ils étaient dieux étaient vassaux du pharaon thébain. Mais cette suprématie disparut après la xxe dynastie, avec la suprématie de Thèbes, et les dieux féodaux reprirent leur indépendance : aucune ville n'imposa plus ses souverains assez longtemps au reste du pays, pour compromettre leur liberté et leur existence, comme Amon l'avait fait. La multiplicité des dieux, le polythéisme, subsista en Égypte jusqu'après l'avènement du christianisme, et ne fut entièrement renversé que par l'Islam, au vII[e] siècle de notre ère.

4. Osiris et les destinées de l'âme humaine. — Un dieu pourtant réussit à se faire reconnaître de tous les Égyptiens, sans exciter la jalousie des autres dieux et sans nuire à leur autorité, le dieu des morts. Au début, le dieu des morts de chaque localité avait été le dieu des vivants, mais passé de vie à trépas : dans les nomes où le dieu des vivants était le Soleil vivant, Râ, Anhouri, Horus, le dieu des morts était le soleil mort. Osiris, tué par Typhon, était donc de droit le dieu des morts de son nome ; ce ne fut que par degrés qu'il parvint à être le dieu des morts de toute l'Égypte. Sa légende contait qu'après avoir été démembré par son meurtrier, sa femme Isis avait rassemblé ses membres et les avait embaumés avec l'aide de Thot et d'Anubis ; c'avait été la première momie (fig. 11). Horus avait récité sur elle des prières et pratiqué des rites qui l'avaient ressuscitée, mais d'une vie qui la rendait incapable de rester parmi les hommes. Il lui avait donc donné, d'abord dans les marais du Delta, puis dans la partie

Fig. 11. — Osiris momie (d'après une figurine en bronze du Musée de Gizéh).

septentrionale du ciel, un domaine, les *Champs des Fèves*, où il menait à l'abri de tout danger une existence analogue à l'existence terrestre.

Les hommes momifiés de la même façon que le dieu, et avec les mêmes cérémonies que lui, les *serviteurs d'Horus*, étaient admis à partager son bonheur, après des épreuves nombreuses et un jugement solennel où Thot pesait leur cœur dans la balance de Vérité[1]. Le plaidoyer qu'ils prononçaient alors pour eux-mêmes est un fort beau résumé de la morale égyptienne : « Je n'ai pas tourmenté la veuve. Je n'ai « pas menti au tribunal. Je ne connais pas la mauvaise foi. Je n'ai pas commis de sacrilège. Je n'ai pas « desservi l'esclave auprès de son maître. Je n'ai « affamé, je n'ai fait pleurer personne. Je n'ai point « tué. Je n'ai pas volé les provisions ni les bande- « lettes des morts. Je n'ai pas enlevé le lait de la « bouche des nourrissons. Je suis pur! Je suis pur! « Je suis pur! » Admis aux franchises du paradis, après cette *Confession négative*, le mort s'y livrait aux travaux des champs et y récoltait des récoltes prodigieuses d'un blé gigantesque : entre temps, il y goûtait des plaisirs de toute sorte, festins, danses, chansons, jeux de dames, lectures amusantes, promenades sur l'eau, repas sous les grands arbres à la brise fraîche du nord. Ou bien, il montait sur la barque du Soleil et circulait avec lui autour du monde, à travers le jour et la nuit. Osiris absorba les autres dieux des morts et finit même par devenir, après la chute de la

---

1. Voir le chapitre consacré à l'embaumement et la vignette représentant le jugement dans les *Lectures historiques*, p. 160.

monarchie égyptienne, un dieu international dont le culte se répandit dans l'empire romain. Son temple de Philæ fut le dernier asile du paganisme expirant : il ne fut fermé qu'au milieu du vi° siècle de notre ère, par Justinien.

RÉSUMÉ

1. Les Egyptiens étaient le plus religieux de tous les peuples : ils avaient autant de grands dieux que de nomes, et ces dieux représentaient le Nil (Osiris, Khnoumou), la terre (Isis, Phtah), le ciel (Haroêris), le soleil (Râ, Anhouri). Ils prenaient figure d'homme ou de bêtes et étaient escortés d'une multitude de divinités secondaires. Ils avaient les besoins, les faiblesses et les vices de l'humanité : leur culte consistait en offrandes et en sacrifices, par lesquels on leur envoyait tous les vivres et tous les objets dont ils avaient besoin pour subsister.

2. Ils s'alliaient les uns aux autres par le mariage ; leurs affinités et leurs haines avaient produit et conservaient le monde. La doctrine d'Héliopolis attribuait la création aux efforts combinés de huit d'entre eux réunis en Ennéade, sous la direction de Râ-Toumou, le dieu soleil.

3. Cette Ennéade fut adoptée partout, avec substitution à Toumou du dieu adoré dans chaque localité, Amon à Thèbes, Phtah à Memphis, ce qui amena les théologiens à considérer tous les dieux principaux comme autant de formes ou de noms différents de Toumou, c'est-à-dire du Soleil. La suprématie de Thèbes établit pendant plusieurs siècles la suprématie d'Amon sur les autres dieux.

4. Le seul dieu reconnu de tous les Egyptiens était le dieu des morts, Osiris. Les fidèles comparaissaient devant

son tribunal, et, après s'y être justifiés par la *Confession négative*, étaient admis aux *Champs des Fèves*, où ils menaient une vie fort semblable à l'existence terrestre. Osiris devint, aux premiers siècles du christianisme, une sorte de dieu international, dont le culte se répandit dans tout l'empire romain.

CHAPITRE VII

MONUMENTS ET INDUSTRIE

1. Ce qui reste des monuments égyptiens. — 2. L'architecture : les temples. — 3. Décoration des temples. — 4. Les tombeaux. — 5. La sculpture et la peinture. — 6. Les arts industriels.

1. Ce qui reste des monuments égyptiens. — Les Égyptiens nous ont laissé plus de monuments peut-être qu'aucun des grands peuples de l'antiquité. La vallée est couverte des débris accumulés de leurs temples et de leurs villes ; les deux chaînes Libyque et Arabique sont partout percées de tombeaux et ne font pour ainsi dire qu'un seul cimetière. Encore ce qu'on voit et ce qu'on a pu étudier jusqu'à présent n'est-il que peu de chose, à côté de ce qui reste encore à étudier et même à découvrir.

2. L'architecture : les temples. — L'architecture est de tous les arts celui auquel ils ont excellé, et dont ils nous ont laissé les modèles les plus accomplis. Les temples sont bâtis, le gros œuvre en calcaire ou en grès, les portes et parfois certaines chambres intérieures en granit rose ou noir. Les blocs sont rarement de grandeur égale, rarement aussi disposés en lits complètement réguliers. Ils sont de dimensions variables et les assises empiètent souvent l'une sur l'autre, mais ils sont ajustés avec tant d'habileté qu'ils ont résisté aux efforts du temps et qu'ils y résistent encore, alors que des édifices réputés de construction meilleure ont disparu depuis longtemps. La plupart des grands temples du Delta et de la Moyenne-Égypte ne sont plus que des monceaux de décombres, où l'on distingue à peine le plan. Ceux de la Haute-Égypte sont en meilleur état : plusieurs à Philæ (fig. 12), à Edfou, à Dendérah sont si bien conservés qu'il suffirait de quelques réparations pour les rendre au culte.

La disposition en est sensiblement la même partout. Le temple proprement dit est une chambre obscure, où le dieu habite en son image, statue ou emblème mystique. Dans les villes peu importantes, on se contentait de cette pièce unique : dès qu'on le pouvait, on groupait autour d'elle d'autres salles, où l'on déposait les offrandes et où l'on célébrait les offices du dieu à certains jours. En avant de cette partie de l'édifice, où le clergé seul et le roi avaient le droit de pénétrer en tout temps, on bâtissait d'ordinaire une grande salle à colonnes, une salle hypostyle à demi publique, où les fidèles se rassemblaient les jours de fête. Elle ouvrait sur une cour entourée de portiques et appuyée sur un pylône : le pylône est une porte monumentale dont la baie est flanquée de deux tours massives, généralement fort élevées. Ce plan, modifié dans quelques détails, se retrouve partout aux bords du Nil : c'est celui des grands édifices de Thèbes, Karnak, Louqsor, Médinet-Habou.

C'est également celui des temples de Nubie ; mais, en Nubie, une partie des chambres, ou même, comme à Ibsamboul, l'édifice entier est creusé dans la montagne et forme une grotte de dimensions extraordinaires.

Comme les dieux aimaient à s'entourer de mystère, le temple est bâti de manière à ménager insensiblement la transition entre le plein soleil du monde extérieur et l'obscurité de la chambre divine. A l'entrée, ce sont encore de vastes espaces, où l'air et la lumière descendent librement. La salle hypostyle est déjà noyée dans un demi-jour discret, le sanctuaire est plus qu'à moitié perdu sous un vague crépuscule, et au fond, dans le Saint des Saints, la nuit règne presque complète.

3. **Décoration des temples.** — La décoration était fort riche. Les parois étaient couvertes de haut en bas de tableaux sculptés et peints, dont les sujets s'adaptaient à la destination de la chambre où ils se trouvaient ; dans le sanctuaire, la représentation de l'arche sacrée où le dieu vivait, dans les chambres voisines des offrandes ou des sacrifices, dans les salles hypostyles des processions, enfin, sur les pylônes et sur les murs extérieurs des scènes de guerre et de batailles, qui montraient le roi triomphant des ennemis de l'Egypte par l'aide du dieu à qui l'édifice était dédié. Des statues colossales, dont quelques-unes atteignaient seize mètres de haut, comme les colosses de Memnon à Thèbes, et des obélisques disposés par paire, se dressaient devant chaque pylône. Enfin des avenues de sphinx, lions à tête humaine ou à tête de

Fig. 12. — Le temple de Philæ, vu du haut du premier pylône.

bélier, béliers couchés de grande taille, s'allongeaient en avenue et formaient comme une garde mystique qui veillait sans cesse en avant du temple.

4. Les tombeaux. — Les tombeaux étaient surchargés, eux aussi, d'une profusion de tableaux. Les uns étaient isolés et s'élevaient au pied des collines ou sur les versants du plateau qui borde le désert. C'étaient, dans l'Ancien et dans le Moyen Empire, pour les rois, des pyramides en pierre ou en brique, analogues aux trois grandes pyramides, pour les particuliers, des *mastabas* oblongs, en calcaire blanc, orientés par les angles aux quatre points cardinaux. La façade en est ordinairement tournée vers le nord : une porte, quelquefois précédée d'une petite colonnade, conduit aux chambres intérieures, à la chapelle, où les parents se rassemblaient plusieurs fois par an pour faire offrande au mort. Les tableaux représentent et le sacrifice, et toutes les opérations de la vie courante qui servent à préparer le sacrifice, l'élevage des bœufs, des gazelles, de la volaille, leur mise à mort, les semailles, la récolte du blé, la boulangerie et la présentation des pains, la pêche, la chasse, les jeux de toute sorte. Une grande stèle, sculptée ou dressée contre une des parois, est comme la porte, toujours fermée, derrière laquelle s'ouvrent les parties du tombeau réservées à l'âme, les couloirs, les puits et la chambre où la momie dort dans son sarcophage[1].

A partir de la XIIe dynastie, les hypogées creusés

---

1. Voir la description d'un hypogée thébain et de la nécropole thébaine sous la XIXe dynastie dans les *Lectures historiques*, p. 140 et suiv.

dans la montagne se mêlent aux tombeaux isolés. Les rois thébains du Nouvel Empire, renonçant aux pyramides, se firent enterrer pour la plupart dans la chaîne Libyque, ceux de la xviiie dynastie en l'endroit qu'on appelle aujourd'hui l'Assassif, ceux de la xixe et de la xxe dans le vallon des rois, *Bab-el-Molouk* : les deux plus beaux de leurs hypogées sont ceux de Séti Ier et de son fils Ramsès II.

5. La sculpture et la peinture. — La sculpture et la peinture n'étaient guère que les auxiliaires de l'architecture : toute paroi était décorée de bas-reliefs et tout bas-relief était peint. La couleur est toujours appliquée par grandes teintes plates, uniformes, juxtaposées, mais non fondues; on enluminait, on ne peignait pas au sens où nous prenons le mot.

Les statues isolées ou les groupes en ronde bosse étaient peints également, les chairs en rouge s'il s'agit d'un homme, en jaune clair s'il s'agit d'une femme. Elles n'ont point de prétention à l'idéal : ce sont des portraits, et des portraits fort fidèles, où chaque personnage est représenté avec le geste, le port, l'attitude qui conviennent à leur condition. Le grand seigneur est debout, le bâton à la main, ou assis sur un cube de pierre, le corps droit, la tête haute, le regard dur. Le scribe se tient agenouillé, les mains croisées humblement devant lui, ou accroupi, le rouleau de papyrus étalé sur les genoux, comme s'il allait écrire. L'esclave et la servante broient le grain pour le pain de chaque jour, pétrissent la pâte, enduisent de poix une jarre où ils vont verser du vin. Ce ne sont pas comme chez nous des reproductions inanimées d'un corps ; ce sont des corps animés de la personne qu'elles représentent. Le roi, le dieu, le mortel du commun, à l'image de qui elles sont taillées, ont comme infusé en elles une portion de leur âme, qui leur permet au besoin de rendre des oracles. Celles qu'on trouve dans les tombeaux sont de véritables rem-plaçants du cadavre momifié et servent de soutien à l'âme, même quand la mo-mie est détruite. On conçoit après cela pourquoi l'artiste cherchait avant tout à faire ressemblant : pour que l'âme pût s'accommoder aisé-ment de son corps de pierre, il fallait que celui-ci fût la contre-partie exacte

Fig. 13. — Le scribe accroupi du Musée du Louvre

du corps de chair, non seulement en ses beautés, mais en ses infirmités et en ses laideurs.

Les plus belles œuvres que nous ayons jusqu'à présent sont de l'Ancien et du Moyen Empire, le *Scribe accroupi* (fig. 13) du Musée du Louvre, le *Cheikh-el-beled* (fig. 14), le Khéphrèn[1] et la prin-cesse du Musée de Gizéh. La grande époque thé-

1. Voir la reproduction du Khéphrèn, p. 20 du présent volume.

baine et l'époque saïte ont produit aussi quelques statues remarquables, mais d'un style un peu sec et moins libre que celui de l'époque memphite.

6. Les arts industriels. — Les arts industriels prirent de bonne heure un développement étonnant.

Fig. 14. — *Le Cheikh-el-beled* du Musée de Gizéh.

On travaillait fort habilement le bois, les métaux précieux, le bronze (fig. 15), les pierres fines ; on fabriquait du verre et de la faïence vernissée, des étoffes brodées, des cuirs découpés, dès la IVe et la Ve dynastie. Et nous n'en sommes pas réduits aux simples représentations pour en juger la qualité ; nous possédons encore en grand nombre les objets eux-mêmes, qu'on retrouve dans les tombeaux ou dans les ruines des villes. L'intérêt en est considérable, non seulement pour l'histoire de l'art égyptien, mais pour celle de l'art en général. Les bijoux égyptiens, l'orfèvrerie, la poterie, les étoffes, les boîtes et les étuis en bois ouvragé, les verres de couleur, étaient exportés par milliers en Syrie, en Chaldée, en Phénicie et de Phénicie en Grèce, en Italie, jusque dans la Gaule ou l'Espagne lointaines. Ils ont fourni aux peuples encore à moitié barbares de la Méditerranée des modèles souvent copiés. Les poignards qu'on a trouvés à Mycènes, dans les tombes des chefs argiens, sont du même style que les poignards découverts à Thèbes, sur la momie de la mère d'Ahmosis. Les images de divinités ont été imitées par les premiers artistes grecs; les statues archaïques en pierre qu'on a déterrées récemment en plusieurs cantons de l'Hellade, ne sont parfois que le grossissement consciencieux et encore maladroit des statuettes en bronze ou en pierres fines de certaines divinités égyptiennes. C'est par ces menus objets, et par eux seuls, que l'influence de l'Égypte sur

Fig. 15. — Enseigne en bronze d'Amon (provenant du Musée de Gizéh).

la Grèce, et par la Grèce sur les nations modernes, s'est exercée pendant des siècles.

RÉSUMÉ

1. Les Égyptiens nous ont laissé plus de monuments peut-être qu'aucun autre des grands peuples de l'antiquité.

2. Ils ont excellé dans l'architecture : plusieurs temples de la Haute-Égypte, encore presque intacts, nous en fournissent d'excellents modèles. Le plan est le même partout, qu'il s'agisse d'édifices isolés ou de sanctuaires creusés en totalité ou en partie dans la montagne.

3. La décoration était fort riche. Les parois des salles sont encore couvertes de bas-reliefs peints; des statues

colossales et des obélisques sont placés dans les cours, ou en avant des portes, auxquelles conduisent parfois des avenues de sphinx.

4. Les tombeaux étaient des *mastabas* en pierre ou en briques, sous l'Ancien Empire. A partir de l'époque thébaine, des caveaux creusés dans la montagne se mêlent aux tombes isolées : la *vallée des Rois*, à Thèbes, où sont les pharaons de la xixe et de la xxe dynastie, contient les plus beaux hypogées qu'il y ait en Égypte.

5. La sculpture et la peinture n'étaient guère que les auxiliaires de l'architecture. Les tombeaux de l'époque memphite nous ont rendu pourtant quelques statues en pierre et en bois qui sont de véritables chefs-d'œuvre, le *Scribe accroupi* du Louvre, le *Cheikh-el-beled* et le *Khéphrèn* du Musée de Gizéh.

6. Les arts industriels prirent un développement étonnant dès la plus haute antiquité. Les petits objets en verre, en émail, en métal ciselé ou fondu, transportés à l'étranger par le commerce, ont servi souvent de modèles aux Phéniciens ou aux Grecs, et ont contribué puissamment à répandre le goût de l'art chez les peuples encore barbares de l'Occident

CHAPITRE VIII

DÉCOUVERTES DE CHAMPOLLION : LES ÉGYPTOLOGUES FRANÇAIS

1. Les éléments de l'écriture hiéroglyphique. — 2. Les écritures cursives : le copte. — 3. Premiers essais de déchiffrement. — 4. Champollion le Jeune. — 5. L'égyptologie depuis Champollion.

1. Les éléments de l'écriture hiéroglyphique. — Les monuments les plus anciens que nous possédions nous montrent déjà l'Égypte en possession d'un système d'écriture complet, d'un papier et d'une littérature. Les Grecs donnèrent aux caractères qu'elle employait le nom d'*hiéroglyphes* ou *caractères sacrés*, que nous leur avons conservé.

L'écriture hiéroglyphique se compose de signes représentant des hommes, des animaux, des objets matériels. La valeur en est très complexe. Les uns sont de vraies lettres, répondant aux vingt-deux articulations de la langue. Ainsi le son P se rend par ■, le son M par ⟍ ou ⟋, le son S par ∫ ou ⟶, le son T par ▬ ou ⟿. Il y avait, comme on voit, plusieurs signes pour la même articulation, plusieurs *homophones*.

On rencontre de plus, mêlés à ces lettres, d'autres caractères représentant à eux seuls une ou plusieurs articulations formant syllabe : l'*œil* ⬧ est IRI, ⚏ se lit MOS, MAS, ⬧ répond à HOM, HIM, ⬛ ou ⬧ à QIM, QAM, QEM. La plupart de ces *syllabiques* sont *polyphones*, c'est-à-dire susceptibles de plusieurs sons. Pour éviter la confusion qui aurait pu résulter de ces valeurs multiples, on avait soin de leur adjoindre l'une ou l'autre des lettres qui exprimaient la syllabe. Ainsi l'oreille ⬧ peut se lire ÂD, SOTM, TEN. Quand elle est suivie de ⬧, qui est M, on doit la prononcer SOTMOU dans le groupe ⬧ ⬧; quand elle est suivie de ⬧, qui est N, on doit la prononcer TONOU dans le groupe ⬧; enfin, quand elle est suivie de ⬧, qui est D, on doit la prononcer ÂDOU dans le groupe ⬧.

On rencontre encore, à côté des *syllabiques*, des signes qui expriment une idée à eux seuls, des *idéogrammes*. Les idéogrammes se lisent parfois et forment alors un mot complet : la *hache* ⬧ signifie *dieu* et se lit NOUTIR, la *croix ansée* ⬧ signifie *vie* et se lit ANKH, ÔNKH. Le plus souvent, ils ne se lisent point et se placent derrière les mots écrits de lettres et de syllabes, pour en expliquer le sens par l'image même de l'objet qu'ils représentent; ce sont alors des *déterminatifs*. Ainsi, on traçait la figure d'une *oreille humaine* derrière le mot ⬧ MASZOR qui signifie *oreille*, ou celle d'un *bras tenant une massue* ⬧ derrière les mots qui signifient *frapper, tuer, lever*, et qui expriment d'une manière générale une action violente.

Tous ces éléments, mêlés dans des proportions différentes, se rencontrent à chaque instant dans les textes ; il faut en connaître la valeur exacte pour réussir à déchiffrer la moindre inscription.

2. **Les écritures cursives : le copte.** — L'écriture hiéroglyphique s'employait surtout sur les monuments en pierre ou en bois ; pour les usages de la vie courante et pour la propagation des œuvres littéraires, on se servait d'une écriture cursive dérivée des hiéroglyphes, et nommée *hiératique* par les modernes. La matière sur laquelle on la traçait se composait des libres du papyrus, détachées, battues et agglutinées en feuilles longues et minces, qu'on collait bout à bout de manière à en former des rouleaux, des *volumes*, dont quelques-uns atteignent plus de 30 mètres. On y écrivait, au moyen d'une tige fine de jonc, d'un *calame*, trempé dans une encre noire ou rouge. Tandis que l'écriture hiéroglyphique se traçait indifféremment de gauche à droite ou de droite à gauche, l'hiératique se traçait toujours de droite à gauche. D'abord large et haute, elle diminua de taille au cours des âges, et finit par n'être plus qu'une série de ligatures et de signes menus, grêles, embrouillés, auxquels on a donné le nom d'*écriture démotique*. Le démotique se substitua peu à peu à l'hiératique vers la xxvie dynastie, et l'emporta sur lui, à partir de l'époque grecque, dans l'ordinaire de la vie.

Les trois écritures cessèrent d'être employées au moment où l'Égypte devint chrétienne. Elles furent remplacées par l'alphabet copte, composé de l'alphabet grec et de six lettres, correspondant aux sons de l'égyptien que le grec ne possédait pas. L'usage familier de la langue se continua dix siècles encore après celui des écritures. Le copte ne mourut dans la bouche du peuple que vers les premières années du xviie siècle; encore s'est-il maintenu dans la liturgie chrétienne.

3. Premiers essais de déchiffrement. — C'est à ces formes dégénérées de l'égyptien qu'on s'attaqua tout d'abord, quand l'attention des savants européens se reporta sur les antiquités de l'Égypte. On vit bien que les dialectes modernes cachaient les débris des dialectes anciens, mais, quand on voulut étudier les écritures, on ne sut plus quelle méthode il fallait suivre pour arriver à les déchiffrer. Le xviie et le xviiie siècle se consumèrent en efforts stériles. Les études sérieuses ne commencèrent qu'à l'expédition du général Bonaparte. Pendant trois ans, de 1799 à 1801, une commission de savants français explora le pays, dressant la carte, levant le plan des ruines, copiant les bas-reliefs et les inscriptions; le tout forma plus tard cette admirable *Description de l'Égypte*, qui n'a pas encore été surpassée ni même égalée. En même temps, l'officier d'artillerie Boussard trouvait près de Rosette un décret solennel, rendu en l'honneur de Ptolémée V et rédigé en trois écritures, hiéroglyphique, démotique, grecque. L'illustre Silvestre de Sacy et le Suédois Akerblad déterminèrent aussitôt (1802) la valeur d'une partie des signes du texte démotique; le dernier dressa même un alphabet démotique dont les éléments sont restés pour la plupart acquis à la science.

Leurs recherches furent reprises, de 1814 à 1818,

par le physicien anglais Thomas Young, qui reconnut dans les cartouches de l'inscription de Rosette les noms de Ptolémée et de Bérénice, et en tira un petit alphabet dont cinq signes ont été depuis reconnus exacts. Les efforts qu'il fit pour pousser le déchiffrement plus loin échouèrent : la gloire de résoudre le problème hiéroglyphique était réservée à François Champollion.

4. Champollion. — Champollion le Jeune naquit à Figeac dans le Lot, le 24 décembre 1790 (fig. 16). Dès l'enfance, il se livra à l'étude des langues orientales, surtout à celle du copte. Il publia, de 1811 à 1814, les deux premiers volumes de l'*Égypte sous les Pharaons*, dans lesquels il rétablissait, au moyen des documents coptes, la géographie du pays. Après avoir cru fermement que les hiéroglyphes étaient des signes d'idées, il finit par reconnaître qu'ils étaient des signes de sons. Le premier résultat de ses travaux, publié en septembre 1822, dans une lettre adressée à M. Dacier, secrétaire perpétuel de l'Aca-

Fig. 16. — Champollion le Jeune (1790-1832).

démie des Inscriptions et Belles-Lettres, fut accueilli avec quelque incrédulité. Le *Précis du système hiéroglyphique*, paru deux ans plus tard, ne laissa subsister aucun doute sur l'authenticité de la découverte.

Champollion décomposa le cartouche où Young avait reconnu le nom de Ptolémée, en P, T, O, L, M, I, S, puis essaya ces valeurs sur d'autres cartouches où il lut les noms de Bérénice, de Cléopâtre, d'Alexandre. Il obtint de la sorte un alphabet rudimentaire A, E, B, D, T, I, K, L, R, M, N, O, P, S, X (KS), qu'il compléta bientôt par l'analyse d'autres noms royaux grecs, romains et d'époque pharaonique. Il démontra ensuite que les formes grammaticales de la langue des hiéroglyphes répondaient à celles du copte, et, par suite, qu'on pouvait, grâce à sa découverte, *traduire* les textes aussi bien que les lire.

Deux voyages en Italie, de 1824 à 1826, lui donnèrent l'occasion de reconstituer presque entièrement la chronologie du Nouvel Empire thébain, et d'acquérir à Livourne, pour le compte du gouvernement français, la collection Salt, qui est le noyau de notre musée égyptien. Envoyé en Égypte au mois de juillet 1828, il explora le pays entier jusqu'à la seconde cataracte, de concert avec une commission toscane, et en rapporta, non seulement une variété d'objets précieux qui sont aujourd'hui au Louvre, mais une quantité de dessins et de copies qui furent publiés plus tard sous le titre *Monuments de l'Égypte et de la*

Nubie. De retour à Paris, en mars 1830, il venait d'obtenir la création d'une chaire d'Égyptologie au Collège de France, lorsqu'il mourut, le 4 mars 1832, épuisé par ses voyages et son travail incessant. Il laissait « pour carte de visite à la postérité » les manuscrits, malheureusement inachevés, de son *Dictionnaire* et de sa *Grammaire égyptienne*.

5. L'égyptologie depuis Champollion. — La science qu'il avait fondée se propagea rapidement par toute l'Europe : en Italie, où Rosellini, le chef de l'expédition toscane, qui avait accompagné Champollion en Égypte, publia les *Monuments* recueillis pendant le voyage; en Angleterre, avec Wilkinson, Hincks, Birch; en Allemagne, avec Lepsius et Bunsen. En France, la méthode du maître fut continuée avec plus de zèle que de critique par son frère aîné, Champollion-Figeac, et par ses élèves Charles Lenormant, Ampère, Poitevin, F. de Saulcy. L'école française ne retrouva sa vigueur qu'au moment où Emmanuel de Rougé (1811-1872) en prit la direction.

Le déchiffrement était accompli, mais on ne traduisait pas encore les textes; on en extrayait tant bien que mal des lambeaux de phrases et les faits historiques qu'ils contenaient. E. de Rougé montra, dans son *Mémoire sur l'inscription d'Ahmès* (1849), comment on devait s'y prendre pour analyser la phrase égyptienne, pour déterminer de manière exacte le sens de chaque mot et de chaque tournure, et substitua des traductions rigoureusement littérales aux paraphrases à demi devinées dont on s'était contenté jusqu'alors. Le premier, il aborda l'étude des manuscrits en écriture hiératique, et révéla au public savant, par son interprétation du *Poème de Pentaour* (1856), ce qu'était la littérature égyptienne. Nommé professeur au Collège de France en 1860, il appliqua à son enseignement la méthode rigoureuse qu'il avait suivie pour ses travaux personnels : partout, en histoire comme en grammaire, il s'appliqua à ne donner que des résultats certains, et l'on peut dire que ce qu'il a fait est bien fait pour toujours.

Tandis qu'un petit nombre de savants, animés par son exemple, Chabas, Dévéria, Buchère, s'attachaient à mettre en œuvre les textes déjà connus, Auguste Mariette (1821-1881) reprenait l'œuvre de Champollion sur les bords même du Nil et lui donnait un développement inattendu. Envoyé en Égypte par le gouvernement français en 1850, il découvrait le *Sérapéum* de Memphis, et enrichissait le Louvre de plusieurs milliers de monuments, d'où l'histoire des dernières dynasties égyptiennes est sortie presque entière. Il fut nommé en 1858 directeur général des antiquités de l'Égypte, et conserva ce poste jusqu'à sa mort. Il fonda le Musée de Boulaq, déblaya les grands temples d'Edfou, de Dendérah, d'Abydos, explora les antiques cimetières de Memphis : où il allait, les monuments semblaient sortir de terre à sa voix.

Ainsi notre patrie a déchiffré les hiéroglyphes avec Champollion, a réglé la méthode avec E. de Rougé, a organisé avec Mariette le service régulier d'exploration et de conservation des monuments égyptiens. Les autres pays, l'Angleterre, l'Allemagne, la Hollande, l'Italie, la Norvège, la Suède, la Russie, sont entrés après nous dans la carrière, et ont pris aux travaux que nous avions inaugurés une part glorieuse; nous avons fort à faire de maintenir l'avance que nous avions sur eux, mais nous la maintenons. Nous continuons en Égypte l'œuvre créée par Mariette, et la *Mission permanente* établie au Caire, en 1881, est en pleine prospérité.

RÉSUMÉ

1. Les monuments les plus anciens nous montrent l'Égypte en possession des caractères auxquels les Grecs donnèrent le nom d'*hiéroglyphes* ou *caractères sacrés*. L'écriture hiéroglyphique renferme des signes de lettres (voyelles et consonnes), des *syllabiques* et des *idéogrammes*, dont beaucoup n'ont plus que le rôle de simples déterminatifs.

2. Pour les usages de la vie courante, on employait d'abord l'*hiératique*, puis, à partir du VII⁰ siècle av. J.-C., le *démotique*, c'est-à-dire des formes de plus en plus abrégées des signes hiéroglyphiques. Au moment de leur conversion au christianisme, les Égyptiens prirent l'alphabet grec, qu'ils complétèrent par l'adjonction de six lettres : ce fut l'*alphabet copte*.

3. Les premières tentatives de déchiffrement commencèrent au XVI⁰ siècle. Elles ne donnèrent de résultats sérieux qu'après l'expédition française en Égypte (1799-1801). La *Pierre de Rosette* fournit au Suédois Akerblad et au Français Sylvestre de Sacy les éléments d'un alphabet démotique, et à l'Anglais Young ceux d'un petit alphabet hiéroglyphique.

4. Champollion le Jeune, né à Figeac, dans le Lot, en

1790, découvrit enfin les lois de l'écriture égyptienne et lut les inscriptions avec certitude : quand il mourut, en 1832, les règles principales du déchiffrement étaient établies solidement.

5. L'égyptologie, qu'il avait fondée, se propagea rapidement en Italie, en Angleterre, en Allemagne ; la France a eu jusqu'à présent la part la plus grande aux progrès de la science nouvelle avec E. de Rougé, avec Mariette, avec Chabas, avec vingt autres qui travaillent encore à l'étendre et à la perfectionner.

LIVRE II

CHALDÉENS ET ASSYRIENS

CHAPITRE IX

DESCRIPTION DE LA RÉGION DU TIGRE ET DE L'EUPHRATE

1. Le Tigre et l'Euphrate. — 2. Formation du sol de la Chaldée. — 3. Climat et productions. — 4. La faune chaldéenne. — 5. Constitution de l'Élam et de la Chaldée.

1. Le Tigre et l'Euphrate. — Comme l'Égypte, la Chaldée est un « don des eaux »; mais, au lieu que le Nil seul a suffi à créer l'Égypte, il a fallu deux fleuves, l'Euphrate et le Tigre, pour former la Chaldée.

Le Tigre et l'Euphrate prennent leur source en Arménie, au mont Niphatès — le Keleshin Dagh, — la plus élevée des chaines de montagnes qui courent entre la mer Noire et le plateau de l'Iran, la seule qui atteigne en quelques endroits la limite des neiges éternelles. L'Euphrate est formé par la réunion de deux torrents : le Mourad et le Kara-sou. Il court d'abord de l'est à l'ouest, par des gorges sauvages et d'étroites vallées : au delà de Malatiyséh, il tourne brusquement au sud-ouest, se fraye un passage à travers le Taurus, comme s'il voulait aller rejoindre la Méditerranée, puis incline vers le sud-est dans la direction du golfe Persique. Le Tigre naît au voisinage du Mourad, mais s'écoule en sens opposé, de l'ouest à l'est. Au débouché des montagnes, il oblique immédiatement vers le sud et se rapproche graduellement de l'Euphrate : à la hauteur de Bagdad, les deux fleuves ne sont plus séparés l'un de l'autre que par quelques lieues d'un terrain bas et uni. Toutefois, ils ne se mêlent pas encore. Après avoir cheminé presque parallèlement l'espace de vingt à trente milles, ils s'écartent de nouveau pour ne se rejoindre qu'à près de quatre-vingts lieues plus bas, se confondre dans le Chatt el-Arab et se perdre dans le golfe Persique.

L'Euphrate reçoit sur la gauche, dans sa partie moyenne, deux affluents, le Balikh et le Khabour : de sa jonction au Khabour jusqu'à son embouchure, il n'a plus aucun tributaire. Le Tigre au contraire est grossi sur la gauche par les eaux des deux Zâb, de l'Adhem, du Diyaléh. Les deux fleuves sont navigables sur une grande partie de leur cours, l'Euphrate depuis Souméisat, le Tigre depuis Mossoul : au moment de la fonte des neiges, vers le commencement ou le milieu d'avril, ils grossissent, débordent, se répandent comme le Nil sur la campagne, et ne rentrent dans leur lit qu'en juin, au temps des fortes chaleurs.

2. Formation du sol de la Chaldée. — Le bassin du Tigre et de l'Euphrate n'avait pas à toutes les époques l'aspect qu'il présente aujourd'hui. Longtemps avant l'histoire, les deux fleuves n'arrosaient, au sortir des montagnes, que la vaste plaine ondulée, de formation secondaire, qu'on appela dans l'antiquité la Mésopotamie. C'est un territoire fertile au bord des rivières et dans les endroits où les sources jaillissent, stérile et nu partout ailleurs. L'extrémité méridionale de la plaine servait de rivage à la mer, et les deux fleuves se jetaient, à quelque vingt lieues l'un de l'autre, dans un golfe borné à l'est par les derniers contreforts des monts de l'Iran, à l'ouest, par les hauteurs sablonneuses qui marquent la limite du plateau d'Arabie.

Toute la partie inférieure de la vallée n'est qu'un terrain d'origine relativement moderne, créé par les alluvions du Tigre, de l'Euphrate et des rivières comme l'Adhem, le Diyaléh, le Khoaspès, qui, après avoir été longtemps indépendantes et avoir contribué à combler la mer dans laquelle elles se perdaient, ont fini par devenir de simples affluents du Tigre. Aujourd'hui encore le delta du Chatt el-Arab avance rapidement, et l'accroissement du rivage monte à près de quinze cents mètres par soixante-dix ans ; dans les temps anciens l'accroissement devait être plus sensible, et pouvait s'élever à environ quinze cents mètres par trente ans.

Au moment où les premiers ancêtres des Chaldéens s'établirent dans la vallée, le golfe Persique pénétrait à quarante lieues plus haut qu'il ne fait aujourd'hui : le Tigre et l'Euphrate tombaient dans la mer à quelque distance l'un de l'autre, et ne mêlèrent leurs eaux que plusieurs milliers d'années plus tard.

3. Climat et productions. — La région des alluvions,

et surtout la moitié de cette région qui confine aux rives du golfe Persique, fut l'asile des premières populations. C'était une immense plaine basse, dont aucun accident ne rompait la monotonie. L'Euphrate, mal encaissé entre ses rives, lançait à droite et à gauche des branches, dont les unes allaient aboutir au Tigre, et dont les autres s'écoulaient dans les marais. Une partie du sol, toujours privée d'eau, se durcissait aux rayons d'un soleil brûlant : une autre partie disparaissait presque en entier sous les monceaux de sable qu'apporte le vent du désert; le reste n'était qu'une lagune empestée, encombrée de joncs énormes dont la hauteur varie entre douze et quinze pieds. Le climat subissait et subit encore des variations terribles. En hiver, le vent du nord et du nord-est, passant sur les hauteurs glacées de l'Arménie et de l'Iran, maintient une température assez basse : il gèle en janvier, dans la Chaldée, et les eaux stagnantes y sont recouvertes au matin d'une glace mince qui fond pendant le jour. En été, la chaleur est accablante et le vent du sud-ouest, soufflant d'Arabie, force les habitants à se réfugier dans des chambres obscures ou dans des caves, vers le milieu de la journée.

Le pays, même livré à lui-même, était loin d'être sans ressources naturelles. Il renferme peu d'arbres utiles, car il ne possède le figuier, la vigne et l'olivier que par exception; en revanche, le froment y pousse à l'état sauvage et le palmier y prospère autant qu'en Égypte. « Le sol, dit Hérodote, y est si « favorable aux céréales, qu'elles y rendent habituel-« lement deux cents pour un et trois cents dans les

« terres d'une fertilité exceptionnelle. Les feuilles du
« blé et de l'orge y sont larges de quatre doigts.
« Quant au millet et au sésame, qui, pour la gran-
« deur, deviennent là de véritables arbres, je ne
« dirai pas leur hauteur, bien que la connaissant par
« expérience, sachant bien qu'auprès de ceux qui
« n'ont pas séjourné en terre babylonienne, ce que j'en
« raconterais ne rencontrerait qu'incrédulité. On ne
« se sert nulle part d'huile d'olive, mais on fabrique
« une bonne huile du sésame. » « Le palmier, ajoute
« Strabon, fournit à tous les autres besoins de la
« population. On en tire une sorte de pain, du vin, du
« vinaigre, du miel, des gâteaux et toute espèce de
« tissus ; les forgerons se servent de ses noyaux en
« guise de charbon ; ces mêmes noyaux, concassés et
« macérés, sont employés à la nourriture des bœufs
« et des moutons qu'on engraisse. On dit qu'il y a
« une chanson perse où sont énumérés trois cent
« soixante usages différents du palmier. »

4. La faune chaldéenne. — Les premiers Chaldéens
possédaient les mêmes animaux domestiques que les
premiers Égyptiens, le bœuf, l'âne, le mouton, la
chèvre, le porc : le chameau et le cheval leur arrivèrent avant de passer en Égypte. Les oiseaux abondaient chez eux, surtout les oiseaux d'eau, le canard,
l'oie, le pélican. Les fleuves et les étangs étaient
remplis de poissons excellents à manger, barbeaux
et carpes : le poisson, frais ou salé, entre encore pour
beaucoup dans l'alimentation des habitants modernes. Les animaux sauvages étaient plus nombreux peut-être que les civilisés : le lion et plusieurs

espèces de félins hantaient le bord des rivières. Les ânes sauvages parcouraient par bandes les plaines de la Mésopotamie; l'auroch se rencontrait partout, et il semble que l'éléphant lui-même ait habité les cantons voisins de la Syrie.

5. Constitution de l'Élam et de la Chaldée. — Somme toute, le pays marécageux qui s'étend du plateau d'Arabie au plateau de l'Iran, vers les embouchures de l'Euphrate et du Tigre, était aussi bien disposé que le delta du Nil pour servir de berceau à une grande civilisation. Deux groupes distincts d'états s'y constituèrent dans la suite des temps :

Le premier, formé des tribus et des villes placées à l'orient du Tigre, est l'Élam, qu'on appelle aussi Susiane, du nom de la ville la plus importante qu'il renfermât, Suse;

Le second comprend les villes et les peuplades situées à l'occident du Tigre : on le nomme d'ordinaire Chaldée, et je lui conserverai ce nom, bien qu'il soit inexact pour les temps antérieurs au viiie siècle avant notre ère. Les indigènes le divisaient en deux grandes régions, la région de Shoumir et celle d'Accad. De même que les pharaons se faisaient appeler *maîtres des deux régions, souverains des pays du midi et du nord*, les rois chaldéens aimaient à s'intituler *rois de Shoumir et d'Accad*.

RÉSUMÉ

1. La Chaldée est, comme l'Égypte, un don des eaux; mais elle a été formée par deux fleuves, le Tigre et l'Eu-

phrate, qui prennent leur source en Arménie, au mont
Niphatès et se rejoignent dans un lit commun, le Chatt
el-Arab, un peu avant de se jeter dans le golfe Persique.
Les affluents de l'Euphrate sont le Khabour et le Balikh;
ceux du Tigre, les deux Zâb, l'Adhem et le Diyaléh.

2. Toute la partie inférieure de leur bassin est de
formation relativement récente. Au moment où commence
l'histoire de la Chaldée, le golfe Persique s'enfonçait dans
les terres à quarante lieues plus haut qu'il ne fait aujourd'hui,
et le Tigre et l'Euphrate ne mêlaient pas encore leurs eaux.

3. Une partie du sol, recouverte par les inondations,
n'était que marécages; une autre partie manquait d'eau et
n'était pas propre à la culture. Le climat était et est encore
très variable. Le pays est peu boisé; comme l'Égypte, il
est riche surtout en palmiers. Le froment et les autres
céréales y poussent des moissons d'une richesse extraordinaire.

4. Les animaux domestiques sont à peu près les mêmes
qu'en Égypte, le bœuf, l'âne, le mouton, la chèvre, le
porc : le cheval et le chameau y furent connus avant de
l'être en Égypte.

5. Deux groupes d'états s'établirent dans cette plaine,
bien disposée pour être le berceau d'une grande civilisation. Les uns formèrent, à l'est du Tigre, le royaume
d'Elam, dont Suse fut la capitale. Les autres, situés à
l'occident du Tigre, y constituèrent ce qu'on est accoutumé
à nommer la Chaldée, le double pays de Shoumir et
d'Accad.

CHAPITRE X

LES ORIGINES DES CHALDÉENS ET LES PREMIERS TEMPS DE LA CHALDÉE

1. Les traditions chaldéennes sur la création. — 2. Le déluge. — 3. Les plus anciens états de la Chaldée. — 4. Domination des rois d'Élam. — 5. État de la Chaldée au temps de la suprématie égyptienne.

1. Les traditions chaldéennes sur la création. — « Au temps où ce qui est en haut ne s'appelait pas « encore ciel, au temps où ce qui est en bas ne s'ap- « pelait pas encore terre », l'abîme et l'Océan éternel produisirent des êtres fantastiques, dont nous voyons la figure sur les monuments, « des guerriers au corps « d'oiseau, des hommes avec des faces de corbeau », des taureaux à tête humaine, des chiens à quatre corps et à queue de poisson. L'homme, tel que nous le voyons, vivait nu et désarmé au milieu de ces monstres, jusqu'au jour où un animal, nommé Oannés, sortit du golfe Persique pour l'instruire. Il avait le corps d'un poisson, la tête et la voix d'un homme, ainsi que des pieds d'homme qui sortaient de sa queue de poisson[1]. Il passait ses journées sur terre,

---

1. Voir l'image d'un dieu de ce genre dans les *Lectures historiques*, p. 365.

enseignant aux Chaldéens la pratique des lettres, des
sciences et des arts, les principes des lois et de la
géométrie, le temps des semailles et de la moisson :
au coucher du soleil, il plongeait dans la mer et passait la nuit sous les flots. « Depuis son temps, rien
« d'excellent n'a été inventé. »

2. Le déluge. — Ensuite les hommes se multiplièrent et se choisirent un maître parmi eux. Le
premier qui fut roi s'appelait Aloros et était de Babylone. Il eut pour successeurs neuf autres princes,
originaires comme lui des villes chaldéennes, et tous
ensemble régnèrent 432 000 ans. Cependant l'humanité était devenue méchante, et les dieux résolurent
de la détruire, à l'exception du roi régnant alors,
Xisouthros, et d'un petit nombre de fidèles. « Fais un
« grand vaisseau pour toi et les tiens, lui dirent-ils;
« car nous allons anéantir la semence de vie. » Xisouthros obéit. Quand le vaisseau fut terminé, une voix
se fit entendre : « Au soir, le ciel pleuvra la destruc-
« tion : entre dans le vaisseau et ferme la porte. » Le
lendemain au matin, « la fureur d'une tempête s'éleva
« et s'étendit largement sur le ciel.... L'inondation
« s'enfla et la clarté du jour s'éteignit dans les té-
« nèbres.... Le frère ne vit plus son frère, les hommes
« ne se reconnurent plus; les dieux mêmes craigni-
« rent le déluge au ciel, et, cherchant un refuge,
« montèrent jusqu'au firmament.... Six jours et sept
« nuits durant, le vent, la tempête et l'ouragan régnè-
« rent en maîtres. A l'aube du septième jour, la pluie
« s'interrompit et la tempête, qui avait mené bataille
« comme une armée puissante, s'apaisa. La mer

« baissa : le vent et la tempête prirent fin. Je par-
« courus la mer en pleurant, » ajoute Xisouthros,
« car l'humanité entière était retournée au limon, et
« les cadavres flottaient autour de moi comme des
« arbres. J'ouvris la fenêtre, et, quand la lumière
« frappa mon visage, je fus saisi de tristesse, je m'as-
« sis, je pleurai, et les larmes ruisselèrent sur ma
« face. » L'arche s'arrêta au sommet des monts Gordyéens. Après six jours d'attente, Xisouthros lâcha
une colombe : « elle voltigea çà et là, et, ne trouvant
« point de place où se reposer, elle revint ». Une
hirondelle rentra de même au bateau ; mais un corbeau qu'on lâcha après l'hirondelle « vit des cadavres
« sur les eaux et les mangea ; il flotta, erra au loin et
« ne revint pas ». Alors Xisouthros rendit la liberté
aux animaux, puis bâtit un autel sur le sommet de la
montagne et offrit un sacrifice aux dieux. Bel, le dieu
suprême, consentit à laisser vivre ce que l'arche avait
sauvé de l'humanité et à ne jamais renouveler le
déluge.

3. Les plus anciens états de la Chaldée. — C'est
ainsi que les Chaldéens racontaient l'histoire des
premiers âges du monde. Les plus anciens monuments qu'ils nous ont laissés, et qui sont contemporains des grandes Pyramides d'Égypte (vers 4000 av.
notre ère), nous montrent la Chaldée et les pays qui
l'environnent en pleine possession d'une civilisation
complète.

Deux groupes de villes étaient surtout prospères.
L'un, situé vers les embouchures de l'Euphrate, comprenait Éridou, Ourouk, Larsam, Lagash ; la métropole

en était Ourou, sur la rive droite de l'Euphrate. Elle s'élevait au milieu d'une plaine basse, coupée çà et là de collines sablonneuses. Au centre se dressait un temple à trois étages, construit en briques revêtues de bitume et consacré au dieu-Lune, Sin; tout autour de la ville règne une ceinture de tombeaux, que les voyageurs ont largement exploités au profit de la science. C'est le pays de Shoumir. Le pays d'Accad était situé un peu plus au nord, à l'endroit où le Tigre et l'Euphrate ne sont plus séparés que par une sorte d'isthme assez étroit. Les villes en étaient Nippour, Borsippa, Kouta, Sippara, Babylone surtout.

Chacune de ces villes avait ses rois particuliers et ses dynasties locales, qui, tantôt étaient vassales des rois voisins, tantôt les rangeaient sous leur domination. L'histoire mythique avait conservé le souvenir de quelques-uns d'entre eux, de Gilgamès, par exemple, qui courut le monde tuant les monstres et bravant les dieux[1]. L'histoire réelle en connaît quelques-uns par leurs monuments. Le plus ancien, Ourbaou, exerçait une autorité réelle sur le pays entier, et la plupart des villes de la Chaldée possèdent encore des débris de ses constructions. D'autres ne régnèrent que sur un ou deux cantons limitrophes, comme ce Goudea, prince de Lagash, dont les statues ornent aujourd'hui les galeries du Louvre.

Les villes du sud, d'abord prépondérantes, s'effacèrent peu à peu devant les villes du nord; vers 3700 av. J.-C., le pouvoir était aux mains d'une dynastie

1. Voir la légende dans les *Lectures historiques*, p. 316-322.

d'Agané, dont un prince, Sargon, paraît avoir été à la fois un grand législateur et un grand conquérant. La légende contait qu'exposé sur l'Euphrate par sa mère, au moment de sa naissance, il avait été recueilli par un paysan, et avait exercé la profession de jardinier pendant sa jeunesse. Il réunit entre ses mains la Chaldée entière, la Mésopotamie, et pénétra en Syrie, jusqu'aux confins de l'Égypte. Son empire, maintenu quelque temps par ses successeurs, fut renversé et la Chaldée conquise par les Élamites.

4. Domination des rois d'Élam. — L'Élam commence aux bords du Tigre par une riche plaine d'alluvions aussi fertile que la Chaldée elle-même. L'orge et le froment y rendent cent et parfois deux cents pour un, comme en Chaldée; le palmier et le dattier y croissent abondamment, surtout au voisinage des villes; d'autres espèces d'arbres, l'acacia, le peuplier, le saule, sont répandus le long des rivières. Bientôt cependant le sol s'élève gradin à gradin vers le plateau de Médie; le climat devient de plus en plus froid, la terre de moins en moins productive.

Les rois d'Élam avaient bâti Suse, leur capitale, sur la lisière de la grande plaine, à huit ou dix lieues des montagnes, au confluent des deux bras du Khoaspès. La forteresse et le palais s'étageaient sur les penchants d'un monticule qui domine au loin la plaine; à ses pieds, et dans la direction de l'orient, s'étendait la ville, construite de briques séchées au soleil[1]. L'Élam était une sorte d'empire féodal, divisé en

____

1. Voir une vue antique de Suse dans les *Lectures historiques*, p. 349.

petits États indépendants l'un de l'autre, mais réunis d'ordinaire sous l'autorité du roi de Suse. La langue différait des idiomes sémitiques et la religion n'avait rien de commun avec la religion de la Chaldée, mais pour le reste, les mœurs, l'industrie et les lois paraissent avoir présenté les plus grandes analogies avec les mœurs, l'industrie et les lois chaldéennes.

Les Élamites avaient été en lutte avec leurs voisins dès les temps les plus reculés, et la légende de Gilgamès nous les montre déjà maîtres d'Éridou et des autres villes du Bas-Euphrate. Sargon Ier les avait battus, puis ils avaient à leur tour battu ses successeurs. Un de leurs rois, Koudournakhounta, conquit la Chaldée entière vers l'an 2300 av. notre ère, enleva les images des dieux babyloniens et les déposa comme autant de trophées dans les temples de Suse. Ses descendants maintinrent leur suprématie pendant plusieurs générations et poussèrent même leurs armes jusqu'en Syrie.

5. État de la Chaldée au temps de la suprématie égyptienne. — L'histoire entière de cette époque et des siècles qui suivirent n'est qu'une mêlée de guerres civiles, de révoltes, d'invasions barbares où les rois (fig. 17) et les dynasties s'élèvent et disparaissent rapidement, sans rien fonder qui dure et sans établir, même pour un moment, l'unité que les pharaons des dynasties thébaines surent imposer à l'Égypte durant des siècles. Sans doute Babylone est la ville principale du pays, la plus grande et la plus peuplée, celle dont la possession assure à qui la tient une supériorité marquée sur tous ses rivaux; mais sa puissance n'est

pas assez considérable pour défier toutes les compé-
titions et pour s'imposer d'une manière durable aux
autres villes. D'autre part, l'Élam assez fort pour conquérir ne l'est pas assez pour conserver longtemps
ses conquêtes et se les assimiler : sa domination
s'étend souvent sur la Chaldée,
mais n'y prend jamais racine et
ne s'y maintient point.

Il n'y a pas à cette époque
d'empire chaldéen, comme il y
a un empire égyptien, mais
simplement une civilisation
chaldéenne puissante, originale,
douée d'une vitalité qui lui permet de résister aux désastres
d'une guerre perpétuelle, et
même de se propager au dehors.
Au moment où Thoutmosis Ier et
ses successeurs parcouraient victorieusement la Syrie et la sou-
mettaient au tribut (entre 1600 et
1500), il y avait longtemps déjà
que la Chaldée l'avait conquise à

Fig. 17. — Un vieux roi de
Chaldée, d'après un bas-
relief du British Museum.

ses mœurs. Les dieux de Babylone et des villes
chaldéennes étaient adorés jusqu'aux frontières de
l'Égypte, l'industrie et l'art de Babylone se reflétaient
dans l'industrie et dans l'art des peuples de la Syrie;
enfin l'écriture cunéiforme, adaptée à leurs langues
diverses, était l'écriture officielle des princes syriens,
celle dont ils se servaient pour correspondre entre
eux et pour traiter affaires avec Pharaon leur suzerain.

RÉSUMÉ

1. Au dire des Chaldéens, les premiers êtres créés furent des monstres fantastiques, au milieu desquels l'homme se manifesta, nu et désarmé. Le dieu poisson Oannès sortit du golfe Persique et civilisa l'humanité.

2. Les premiers rois furent au nombre de dix et régnèrent en Chaldée plus de quatre cents siècles. Sous le dernier d'entre eux, Xisouthros, les hommes étaient devenus si méchants que les dieux en détruisirent la race par un déluge : seuls Xisouthros et les siens échappèrent dans une arche, et, quand les eaux furent rentrées dans leur lit, créèrent une humanité nouvelle.

3. Les plus anciens monuments de la Chaldée sont à peu près contemporains de la construction des grandes Pyramides d'Égypte (vers 4000 avant notre ère). Le pays était partagé en deux groupes de petits États dont chacun avait ses rois particuliers. Les princes du sud, surtout ceux d'Ourou, paraissent avoir exercé d'abord une sorte d'hégémonie sur la Chaldée entière, puis cette autorité passa aux villes du nord. Vers 3700, Sargon de Babylone établit un instant sa domination sur la Syrie ; l'autorité passa après lui à des rois élamites.

4. Les Élamites différaient des Chaldéens par la langue, mais ils étaient imbus des mœurs de la Chaldée : leur suprématie dura plusieurs siècles.

5. L'histoire primitive de ces pays n'offre, comme on voit, aucune unité : il n'y a pas à proprement parler d'empire chaldéen, mais une civilisation chaldéenne, qui pénétra jusqu'à la Méditerranée. Elle régnait souveraine dans toute l'Asie Occidentale, au moment même où les pharaons égyptiens conquirent la Syrie.

CHAPITRE XI

NINIVE : SARGON ET SES SUCCESSEURS

1. L'Assyrie et ses villes. — 2. Le premier empire assyrien, la légende de Ninos et de Sémiramis. — 3. Assournazirhabal (884-860) et le second empire d'Assyrie. — 4. Tiglathphalasar III (745-726). — 5. Les Sargonides (721-606).

1. L'Assyrie et ses villes. — Les villes situées sur la partie moyenne du Tigre n'avaient joué aucun rôle appréciable dans le développement de cette civilisation. Elles formaient une sorte de confédération qui prit de bonne heure le nom de pays d'Assour ou d'Assyrie. L'Assyrie était à cheval sur le Tigre, du point où ce fleuve reçoit le Kournib jusqu'à l'endroit où il débouche dans les plaines d'alluvion de la Chaldée. A l'est, le grand Zab et les derniers contreforts des monts Gordyéens le séparaient comme une barrière naturelle des tribus qui occupaient le plateau de l'Iran. A l'ouest et au sud-ouest, il s'allongeait vers le Khabour et l'Euphrate, sans limites précises. La partie orientale, arrosée par de nombreuses rivières, était riche en métaux et en minéraux, fertile en blés et en fruits de toute sorte. Dans l'antiquité, des canaux dérivés du Tigre et de ses affluents couvraient le pays et suppléaient à la rareté de pluies pendant les mois d'été : les trois villes principales qu'on y rencontrait, Ninive, Kalakh et Arbèles, remontaient jusqu'aux premiers temps de la colonisation chaldéenne. A l'ouest du fleuve, la plaine de Mésopotamie, maigre et mal irriguée, offrait moins de ressources : c'était là pourtant que s'élevait El-Assour, la plus ancienne des villes royales de l'Assyrie.

2. Le premier empire assyrien, la légende de Ninos et de Sémiramis. — Les plus vieux rois de l'Assyrie dont nous possédions les noms ne remontent guère au delà du xxe siècle avant notre ère. Ils végétaient obscurément dans une sorte de dépendance à l'égard des souverains de Babylone. Avec le temps, leurs successeurs établirent leur domination sur la Mésopotamie presque entière : au temps où les Égyptiens possédaient la Syrie, ils étaient déjà les égaux des rois de Babylone et entretenaient comme ceux-ci des relations d'amitié avec les pharaons. Ils conquirent peu à peu le bassin supérieur du Tigre, enlevèrent aux Chaldéens et aux tribus qui habitaient le versant du plateau de l'Iran des cantons et des forteresses qui mirent l'Assyrie à l'abri de toute attaque. Enfin, vers 1130, le premier des grands conquérants ninivites, Tiglathphalasar Ier, franchit l'Euphrate, pénétra dans la Syrie du Nord, et soumit les Hittites au tribut, sans que les rois égyptiens de la xxe dynastie fissent rien pour arrêter sa marche. Ses successeurs ne surent pas conserver ses conquêtes : battus par les Syriens, battus par les Babyloniens, ils durent se renfermer pendant deux siècles au moins dans le territoire de l'Assyrie propre.

Le souvenir confus de ce premier empire, transmis aux Grecs, s'y transforma en légendes merveilleuses. On raconta qu'au début de l'histoire un chef nommé Ninos avait bâti Ninive, et s'était taillé dans l'Asie occidentale un empire qui comprenait la Babylonie, la Médie, l'Arménie, toutes les contrées situées entre l'Indus et la Méditerranée. Il rencontra, au siège de Bactres, Sémiramis, fille d'un simple mortel et de la déesse Dercèto, l'épousa et fit d'elle son héritière. Une fois reine, Sémiramis fonda Babylone sur un plan plus étendu encore que celui de Ninive, la décora de monuments gigantesques et partit en guerre. Partout où elle passait, elle perçait les montagnes, brisait les rochers, pratiquait de grandes et belles routes, construisait des villes, Ecbatane en Médie, Sémiramocerta en Arménie, Tarse en Cilicie. L'Égypte et l'Éthiopie ne lui échappèrent point, mais l'Inde arrêta le cours de ses exploits : elle fut vaincue par le roi Stratobatès et rentra dans Babylone. Sa puissance et sa gloire ne la mirent pas à l'abri des conjurations : son fils Ninyas complota de la tuer. Elle abdiqua en sa faveur et se changea en colombe. Son empire, tombé entre les mains de rois fainéants, s'amoindrit peu à peu et disparut au milieu des révoltes.

3. Assournazirhabal (884-860) et le second empire d'Assyrie. — Assournazirhabal reprit l'œuvre que Tiglathphalazar Ier avait à peine ébauchée. Il établit sa capitale à Kalakh, sur la rive gauche du Tigre, et pendant deux siècles ses successeurs résidèrent dans cette ville. Ce fut une lignée de batailleurs féroces et infatigables, Salmanasar III (860-824), Samsiramàn IV (824-812), Rammânnirari III (812-782).

Presque chaque année, ils partaient de Kalakh pour aller faire la guerre sur quelque frontière de leur empire. Adossés au plateau de l'Iran, bornés par les massifs montagneux de l'Arménie, ils n'étaient guère tentés de s'étendre vers l'est ou le nord-est : ils auraient trouvé dans ces régions beaucoup de peine et peu de gain. Tout au plus cherchèrent-ils à maintenir sous le joug les tribus remuantes qui s'agitaient à l'extrême frontière de la vallée du Tigre et dans les montagnes du Kourdistan : s'ils dépassèrent parfois ces limites, ce ne fut que pour entreprendre quelques razzias vers la mer Caspienne. Leurs vrais champs de bataille n'étaient pas dans cette direction, mais en Commagène et en Asie Mineure, à Babylone, dans l'Élam, en Syrie. Assournazirhabal abattit ce qui restait de la puissance des Hittites, Salmanasar III lutta victorieusement contre les rois de Damas, Benhadad III et Hazael, et reçut le tribut d'Achab, roi d'Israël.

Tous ces souverains de l'Assyrie possédèrent au plus haut degré les qualités militaires, la force physique, l'activité, l'adresse, le sang-froid, la bravoure imperturbable : ils attaquaient corps à corps le taureau sauvage et le lion qui abondaient dans leur contrée[1]. De grands vices déparaient malheureusement ces vertus. C'étaient des hommes de sang, pleins

---

1. Voir le tableau de ces chasses royales dans les *Lectures historiques*, p. 267 et suiv.

de violence et de mensonge, sensuels, fourbes et traîtres, orgueilleux et cruels. Ils démolissaient et brûlaient les villes sur leur passage, empalaient ou écorchaient vifs les chefs rebelles; malgré l'éclat et les raffinements de leur civilisation extérieure, ils demeurèrent toujours des barbares, eux et leur peuple.

4. Tiglathphalasar III (745-726). — Après Rammán-nirari III, leur puissance s'éclipsa pendant près d'un demi-siècle, et leur empire se réduisit presque au territoire de l'Assyrie propre. Il fut rétabli par Tiglath-phalasar III (745-726). Celui-ci prit Babylone, prit Damas, ravagea le territoire d'Israël et en transporta la population en Assyrie. La destruction du royaume de Samarie, poursuivie par son fils Salmanasar V (726-721), fut achevée par Sargon, en 721. Sargon n'appartenait pas à la même branche de la famille royale que ses prédécesseurs immédiats : il fonda une dynastie nouvelle, sous laquelle l'Assyrie atteignit à l'apogée de sa grandeur. Jusqu'alors les rois assyriens comprenaient la conquête telle que les pharaons de la xviii° dynastie l'avaient entendue : les vaincus étaient pillés à loisir et soumis au tribut, mais leurs pays n'étaient pas incorporés aux domaines du vainqueur. Tiglathphalasar III, Sargon et leurs successeurs procédèrent par voie d'annexion et de colonisation. Les contrées qui leur paraissaient utiles à garder, ils détrônaient la famille qui les avait régies, y établissaient des troupes de prisonniers venus de contrées lointaines, et en confiaient le gouvernement à des officiers assyriens. La population, astreinte

au service militaire, livrait chaque année un nombre
déterminé de recrues. Les villes payaient un impôt
fixe en métal et en nature.

5. Les Sargonides (721-606). — Les seize années que
Sargon régna ne furent pour ainsi dire qu'une seule
bataille : en Arménie où le roi Oursa lui opposa une
résistance acharnée, en Médie, en Syrie où il réduisit
en provinces les royaumes hittites, en Phénicie, en
Judée où il réprima les velléités belliqueuses du roi
Ézéchias. L'Éthiopien Sabacon qui venait de conquérir
l'Égypte voulut intervenir dans les affaires des Philistins ; il battit ses troupes à Raphia en 720. La Babylonie fut le théâtre principal de ses guerres. Un peuple
nouveau y était né, les Chaldéens. Formés par la réunion des tribus araméennes qui occupaient les embouchures du Tigre et de l'Euphrate, ils avaient
étendu leur suprématie sur les vieilles cités d'autrefois, et un de leurs princes, Mérodachbaladan, avait
même réussi à s'emparer de Babylone. C'était une
race énergique et tenace, largement pourvue de toutes
les qualités et de tous les vices qui distinguèrent
dans l'antiquité les peuples du Tigre et de l'Euphrate. Battu une première fois par Tiglathphalasar
(732), Mérodachbaladan fut battu par Sargon, malgré
l'appui de l'Elam : il dut se réfugier dans les marais, et Sargon régna dans Babylone jusqu'à sa mort
en 705.

Sennachérib qui lui succéda (705-681) eut à lutter
contre les mêmes adversaires. D'abord victorieux de
Mérodachbaladan (703) et des Égyptiens (702), il ne
réussit pas à vaincre Ézéchias et dut renoncer à sou-

mettre le royaume de Juda, après avoir perdu une armée d'une façon mystérieuse (701)[1]. Le reste de son règne fut rempli par des luttes incessantes contre les rois d'Élam et de Chaldée, qui aboutirent à la prise et au sac de Babylone. Son fils Asarhaddon (681-668) triompha des Arabes, et conquit l'Égypte sur l'Éthiopien Taharqou (672). Son petit-fils Assourbanipal (668-625) perdit l'Égypte, mais triompha de l'Élam après vingt ans de guerres acharnées (fig. 18). Toutes ces victoires épuisèrent l'Assyrie plus qu'elles

Fig. 18. — Assourbanipal, d'après un bas-relief du British Museum.

ne lui servirent. Elle avait grandi rapidement tant qu'elle s'était trouvée vis-à-vis de tribus à moitié barbares, ou de petits royaumes sans consistance, en Syrie, en Palestine, en Chaldée ; mais, depuis Sargon, elle se trouvait en présence d'états aussi solidement organisés qu'elle l'était elle-même, et capables non seulement de lui tenir tête, mais de la battre. L'Arménie, l'Égypte, l'Élam arrêtèrent la marche de ses armées, et formèrent entre elle et le reste du monde

1. Voir p. 39 du présent volume.

une barrière qu'elle ne parvint jamais à franchir. Sargon et ses descendants eurent beau remporter des victoires sur les souverains de ces trois royaumes, leurs succès ne furent que des succès éphémères, souvent effacés par des désastres : ils furent chassés de l'Égypte, chassés de l'Arménie, et leur triomphe en Élam usa leurs forces.

RÉSUMÉ

1. Le pays d'Assour, ou Assyrie, est à cheval sur le cours moyen du Tigre. La partie orientale, riche et bien arrosée, renfermait trois villes fort anciennes, Ninive, Kalakh, Arbèles ; les cantons occidentaux, pauvres et maigres, avaient pour capitale El-Assour, la plus vieille des cités royales de l'Assyrie.

2. Les plus anciens rois de l'Assyrie étaient vassaux de la Chaldée : ils se rendirent indépendants avec le temps et étendirent peu à peu leur domination sur la Mésopotamie entière. Tiglathphalasar Ier (vers 1130) soumit la Syrie du Nord et une partie du massif montagneux où l'Euphrate prend sa source ; mais ses successeurs ne surent pas conserver ses conquêtes, et pendant deux siècles, l'Assyrie retomba dans l'impuissance. Les Grecs ont transformé les souvenirs confus de ce premier empire en une légende merveilleuse, dont Ninos et Sémiramis sont les héros.

3. Deux grands rois batailleurs, Assournazirhabal (884-860) et Salmanasar III (860-824), rétablirent la puissance assyrienne : leurs luttes contre les rois de Damas préparèrent l'asservissement de la Syrie.

4. La faiblesse de leurs successeurs le retarda pendant un demi-siècle ; Tiglathphalasar III (745-726) et Sargon (721-704) l'achevèrent.

5. Les descendants de Sargon, Sennachérib (704-681), Asarhaddon (681-668), Assourbanipal (668-625), portèrent la puissance ninivite à son apogée : Sennachérib soumit la Chaldée, Asarhaddon l'Égypte, Assourbanipal l'Élam : mais ces guerres répétées usèrent les forces de l'Assyrie et hâtèrent sa ruine.

CHAPITRE XII

1. Fondation de l'empire chaldéen (625) et destruction de Ninive (606) : Nabopolassar. — 2. Bataille de Karkémish (605). — 3. Conquêtes de Nabuchodorosor. — 4. Les travaux de Nabuchodorosor. — 5. Nabounâhid (555-538) : chute de l'empire chaldéen (538).

1. Fondation de l'empire chaldéen (625) et destruction de Ninive (606) : Nabopolassar. — La Chaldée fut la première à profiter de la faiblesse des rois assyriens. Elle avait fait partie de leur empire depuis Sennachérib : Asarhaddon et Assourbanipal avaient régné sur Babylone comme sur Ninive. Lorsque Assourbanipal mourut en 626, son fils Sarakos (Assourétililâni) hérita de son autorité, mais n'en jouit pas longtemps. Une grande puissance était née subitement à côté de l'Assyrie sur le plateau de l'Iran, celle des Mèdes; son chef Phraortès, profitant du trouble qu'un changement de maître amène toujours dans les états orientaux, descendit dans le bassin du Tigre et marcha contre Ninive. Cette invasion eut son contre-coup en Chaldée et y provoqua des soulèvements. Sarakos envoya contre les rebelles une armée nombreuse aux ordres d'un de ses généraux, Nabopolassar. Celui-ci mit la main sur Babylone, s'y proclama roi, et, s'unissant aux Mèdes, déclara la guerre à son ancien souverain (625).

Ninive fut sauvée pour cette fois de la ruine par l'arrivée soudaine d'une horde de Scythes qui anéantit l'armée des Mèdes, mais l'Assyrie fut dévastée tout entière, et la plupart de ses villes royales, Kalakh, El-Assour, furent brûlées ou saccagées de fond en comble. Elle traîna encore pendant vingt années une existence précaire, et succomba sous une coalition des peuples qu'elle avait si longtemps foulés aux pieds. Tandis que Néchao lui enlevait rapidement la Syrie (608)[1], les Mèdes unis aux Babyloniens mettaient le siège devant Ninive. Elle se défendit vaillamment et ne succomba qu'après trois ans de siège, en 606.

Les vainqueurs se partagèrent son territoire, et deux grands empires, le mède et le chaldéen, sortirent de ses ruines. Cyaxare se réserva l'Assyrie propre et ses dépendances. Nabopolassar joignit, à la possession de Babylone, la suzeraineté sur la Mésopotamie, la Syrie et la Palestine : il prétendit même étendre sa domination au delà de l'isthme de Suez, et considéra les rois d'Égypte comme des feudataires de la Chaldée, parce qu'ils avaient relevé de Ninive quelques années durant.

2. Bataille de Karkémish (605). — Son premier soin, après avoir vaincu l'Assyrie, fut de reprendre les provinces syriennes que Néchao venait de conquérir. Trop âgé pour s'en aller lui-même en guerre, il dépêcha son fils Nabuchodorosor[2] avec une

---

1. Voir p. 41 du présent volume.
2. La forme habituelle de ce nom, Nabuchodonosor, est une faute dont la responsabilité remonte jusqu'aux copistes hébreux des livres de l'Ancien Testament.

nombreuse armée. Le choc eut lieu sur la frontière, à Karkémish, près de l'Euphrate, et les Égyptiens essuyèrent une défaite sanglante : ils perdirent la Syrie entière, du Taurus aux confins de l'Arabie Pétrée. Nabuchodorosor, poursuivant son avantage, était déjà à Péluse et se préparait à pénétrer dans le Delta, quand la mort de son père l'arrêta dans sa marche. Il craignit qu'un compétiteur ne s'élevât en Chaldée pendant son absence, conclut un traité avec Néchao et retourna promptement à Babylone à travers le désert. Les prêtres avaient pris pour lui la direction des affaires : il n'eut qu'à paraître pour se faire acclamer et obéir.

3. Conquêtes de Nabuchodorosor. — Nabuchodorosor fut le héros de l'empire chaldéen, le seul souverain que la Chaldée puisse mettre à côté des conquérants de l'Égypte, de l'Assyrie, de la Perse. Sans lui, Babylone n'aurait eu dans l'histoire d'autre renom que d'une ville de science, de luxe et d'industrie : grâce à lui, elle fut connue de tout l'Orient pour ses victoires et sa puissance. Il demeura toujours en paix avec les rois mèdes Cyaxare et Astyage, mais il eut de longues luttes à soutenir contre les Phéniciens, contre les Juifs et contre les Égyptiens.

Il avait de ce côté une position analogue à celle que les rois d'Assyrie avaient prise près d'un siècle auparavant. L'expérience avait prouvé aux pharaons que la possession de Memphis et de Thèbes était le dernier but où tendait l'ambition des conquérants asiatiques : comme Sargon, comme Sennachérib, comme Assourbanipal, Nabuchodorosor, maître de la

Syrie, était un danger perpétuel pour l'Égypte. Les rois de la XXVI⁰ dynastie devaient donc, comme les rois éthiopiens qui les avaient précédés, essayer d'entretenir en Phénicie, en Judée, dans tous les petits états qui subsistaient encore, la haine plus ou moins déguisée du Chaldéen. Néchao, de 605 à 595, puis Apriès, de 589 à 569, ne cessèrent d'encourager par leurs intrigues, par leur argent, quelquefois même par la promesse d'une intervention armée, les petits rois de Judée, de Tyr, de Moab. Ils ne réussirent pas à empêcher la chute de Jérusalem (589) et la déportation d'une partie des Juifs; mais Tyr, assiégée treize années durant, repoussa toutes les attaques des Chaldéens, et la Phénicie entière reconnut un moment, vers 572, la suzeraineté d'Apriès. Amasis perdit bientôt, il est vrai, les conquêtes de son prédécesseur (vers 568), mais il sut mettre son royaume à l'abri d'une invasion.

En résumé, Nabuchodorosor ne réussit pas à étendre sa domination aussi loin qu'Asarhaddon par exemple ou Assourbanipal l'avaient fait avant lui : la Médie au nord et à l'est, l'Égypte au sud-ouest, arrêtèrent l'expansion de sa puissance. Toutefois cet empire restreint répondait mieux que l'assyrien à l'idée que nous avons d'un grand État. Le système de gouvernement direct par les officiers du vainqueur, inauguré moins d'un siècle et demi auparavant par Tiglathphalasar III et par Sargon, était devenu plus précis et était plus généralement appliqué. Sans doute on trouvait encore sur le territoire chaldéen un certain nombre de princes vassaux,

et beaucoup de villes ou de tribus conservaient leurs
dynasties et leurs constitutions; mais la plupart des
pays conquis étaient de véritables provinces occu-
pées militairement et administrées par des gouverneurs venus de Babylone.

4. Les travaux de Nabuchodorosor. — Nabuchodorosor resta célèbre dans l'antiquité pour ses grands

Fig. 19. — Le tertre qui cache les ruines de Babylone, vu des bords de l'Euphrate.

travaux de construction au moins autant que pour
ses guerres. Pendant le siècle qui avait précédé la
chute de Ninive, Babylone avait cruellement souffert
des Assyriens. Elle avait été saccagée deux fois par
Sennachérib et par Assourbanipal, sans compter les
sièges et les pillages partiels qu'elle subit au cours
de ses révoltes perpétuelles. Nabuchodorosor em-
ploya à la restaurer les nombreux captifs que ses
campagnes lui procuraient, et fit d'elle une des
cités les plus magnifiques du monde entier (fig. 19).
Au centre de la ville, la tour à sept étages — la *Zig-*

gourât — du dieu Bel se dressait gigantesque, couronnée d'une statue du dieu en or, haute de quarante pieds, à laquelle menait une rampe tournante. Le palais royal, achevé, disait-on, en cinquante jours, était célèbre par ses jardins suspendus, où les femmes du harem se promenaient dévoilées, à l'abri des regards profanes[1].

Dans le même temps, on rétablissait les canaux qui unissaient le Tigre à l'Euphrate et en amenaient les eaux au centre de la ville ; on réparait les grands réservoirs, où les rois des vieilles dynasties avaient reçu et emmagasiné les crues annuelles ; on reconstruisait le pont, par lequel les deux moitiés de la ville communiquaient entre elles. Toutes les ressources dont les ingénieurs du temps pouvaient disposer furent employées à protéger la capitale. Un double mur l'entoura : il était percé de cent portes fermées par des battants en bronze, et l'épaisseur en était telle que deux chariots couraient de front sur la crête. Les districts environnants eurent leur part des embellissements ainsi que les vieilles villes de la Chaldée.

Comme les richesses accumulées dans ce coin de terre étaient de nature à tenter les peuples voisins, et que d'ailleurs on avait tout à redouter de l'ambition des Mèdes, Nabuchodorosor traça en avant de Babylone un grand mur, le mur Médique, dont la ligne, appuyée sur Sippara, barrait entièrement l'espèce d'isthme que le Tigre et l'Euphrate forment en se

---

1. Voir dans les *Lectures historiques*, p. 214 et suiv., la description d'une *ziggourât* et d'un palais.

rapprochant. Infatigable dans ses entreprises, il fut pour la Chaldée ce que Ramsès II avait été jadis pour l'Égypte, le constructeur par excellence : il n'y a pas autour de Babylone un endroit où l'on ne lise son nom et où l'on ne signale la trace de sa merveilleuse activité.

5. Nabounâhid (555-538) : chute de l'empire chaldéen (538). — Son empire ne lui survécut guère. En sept années (562-555) trois rois se succédèrent sur son trône et disparurent dans des révolutions de palais : sa race s'éteignit avec eux, et l'imagination populaire, étonnée d'une décadence si rapide après tant de grandeur, vit dans ces événements la main de Dieu. La tradition nationale racontait que, vers la fin de ses jours, Nabuchodorosor, saisi par l'esprit prophétique, était monté sur le toit de son palais et avait prédit la ruine prochaine de son empire. La tradition juive rapporta qu'enivré de sa gloire, il s'était cru l'image de Dieu et avait été changé en bête par le Très-Haut : sept années durant, il avait vécu dans les champs, se nourrissant d'herbes comme les bestiaux, puis avait repris sa forme première et était rentré en possession de la royauté.

Nabounâhid, qui ceignit la couronne après l'extinction de la dynastie, n'avait rien du héros, ni même du soldat : c'était un monarque indolent et paisible, occupé du culte des dieux plutôt que de l'entretien des forteresses et des armées. Où il trouvait un temple en ruines, il le réparait ou le rebâtissait entièrement : il recherchait dans les fondations les inscriptions que les rois fondateurs y avaient enfouies, et sa joie était grande quand les fouilles lui livraient le nom d'un prince qui avait régné quelques centaines ou même quelques milliers d'années avant lui. Menacé par les Mèdes au début de son règne, il vit grandir la puissance de Cyrus, et essaya d'arrêter la croissance de l'empire perse par des alliances conclues avec l'Égypte et avec la Lydie. La Lydie tombée en 546, il eut encore quelques années de répit dont il ne sut pas tirer parti pour préparer la résistance. Sa nonchalance, son oubli des dieux de Babylone, sa piété exagérée pour les divinités des autres villes chaldéennes, excitèrent le mécontentement de ses peuples et de son armée. Quand la guerre éclata en 538, elle dura quelques semaines à peine. Cyrus franchit le Tigre, battit les Chaldéens ; à la nouvelle de ses succès une révolte éclata, qui enleva à Nabounâhid ses dernières ressources. Le général perse Gobryas surprit Babylone et s'en empara sans combat : Nabounâhid fut livré par les siens et mourut quelques jours plus tard (538).

Son empire entier tomba du même coup et sans secousses aux mains des Perses. Les peuples tributaires, Syriens, Phéniciens, Arabes, perdirent leurs anciens maîtres et en gagnèrent de nouveaux, sans plus s'inquiéter du changement que s'il ne se fût pas agi d'eux-mêmes ; du moment qu'ils ne pouvaient plus être libres, peu leur importait qui régnait. Babylone elle-même parut s'accommoder et même se réjouir de la chute de son roi national ; elle demeura désormais une des capitales de l'empire perse.

RÉSUMÉ

1. La Chaldée fut la principale héritière de l'Assyrie; son gouverneur, Nabopolassar, se souleva et se proclama roi à la mort d'Assourbanipal (625), avec l'aide des Mèdes. Ninive, attaquée par ses anciens sujets, fut sauvée, pour quelques années, par l'invasion des Scythes : elle ne succomba qu'en 606, sous l'effort combiné des Mèdes et des Chaldéens.

2. Ninive détruite, Nabopolassar songea à chasser pharaon Néchao, qui venait d'occuper la Syrie (608); son fils Nabuchodorosor, vainqueur à Karkémish (605), allait envahir l'Égypte, quand la mort de son père le rappela à Babylone.

3. Nabuchodorosor (605-562) fut en lutte perpétuelle avec les rois de la dynastie saïte, Néchao et Apriès : il détruisit le royaume de Juda et la ville de Jérusalem (587), mais échoua devant Tyr, et perdit la Phénicie sur la fin de son règne.

4. Il fut célèbre pour ses constructions autant au moins que pour ses guerres. Il fit de Babylone la plus belle cité de l'Orient, l'entoura de murailles puissantes, et couvrit la Chaldée de canaux qui doublèrent la fécondité du sol.

5. Sa famille s'éteignit rapidement (562-555). Nabounâhid, qui ceignit la couronne après elle, fut un souverain pieux et prodigue de constructions, peu populaire. Il essaya de conjurer l'attaque des Perses en s'alliant contre eux aux Lydiens et à l'Égypte. La Lydie tombée (546), il ne sut pas profiter des années de répit que Cyrus lui laissa pour mettre son royaume en défense. Quand l'invasion vint enfin (538), il fut battu, pris, et mourut quelques jours plus tard. La Chaldée ne fut plus désormais qu'une province de l'empire perse.

CHAPITRE XIII

LA RELIGION CHALDÉENNE

1. Les dieux féodaux de la Chaldée. — 2. Le Panthéon chaldéen. — 3. Les démons et la magie. — 4. Les dieux de l'Assyrie; Assour et Ishtar. — 5. Mérodach de Babylone. — 6. Longue survivance des cultes chaldéens.

1. Les dieux féodaux de la Chaldée. — Comme l'Égypte, la Chaldée possédait une féodalité de dieux. Chacun avait sa cité royale où il trônait en maître absolu de la terre et du ciel : Éa était le seigneur d'Éridou, Bel était le seigneur de Nipour, Sin celui d'Ourou, Shamash celui de Larsam, Mérodach celui de Babylone, Assour celui de l'Assyrie en général. Leur culte se répandit promptement d'une ville à l'autre et devint universel en tous les pays chaldéens, mais ils retinrent tous le souvenir très net de leur origine: quand on adore Mérodach ailleurs qu'à Babylone, c'est toujours comme au dieu de Babylone qu'on lui adresse la prière.

2. Le Panthéon chaldéen. — Le mélange des races diverses aux embouchures du Tigre et de l'Euphrate produisit un mélange de religions, dont il n'est pas toujours facile de reconnaître ou de concilier les éléments. Si haut que remontent les monuments, ils nous montrent les dieux des peuples différents unis et fondus l'un dans l'autre, comme l'étaient déjà les peuples eux-mêmes. Ils formaient une sorte de confédération divine, où chacun d'eux avait son emploi particulier et son rang nettement déterminé.

Au sommet de cette hiérarchie planait un conseil de trois dieux, Anou, Bel, Éâ. Anou est le ciel, « l'antique, le père des dieux, le seigneur du monde de la nuit, le maître des ténèbres ». Bel a créé le monde : il est le maître de toutes les contrées et le souverain de tous les esprits ; Éâ est le « maître des sciences, de la gloire et de la vie ». Chacun d'eux a pour compagne une déesse, Anat, Bêlit et Damkina, qui l'aide à exécuter l'œuvre de la création. Leurs fonctions ne sont pas si strictement définies qu'ils n'aient souvent l'occasion d'empiéter sur le domaine l'un de l'autre : Bel usurpe plus d'une fois l'autorité d'Anou et Éâ celle de Bel.

Au-dessous de ces êtres tout-puissants, mais un peu vagues, on rencontre des dieux plus vivants et plus originaux : Sin, le dieu-lune, Shamash, le soleil, Ramânou, l'atmosphère. Les Chaldéens accordaient le pas au dieu-lune sur le dieu-soleil. Sin était pour eux « le chef, le puissant, l'étincelant » et aussi « le seigneur des trente jours du mois » ; Ramânou lançait la tempête, le tourbillon, l'inondation et brandissait, comme une épée flamboyante, la foudre à quatre pointes. Les autres divinités présidaient aux cinq planètes : Adar à Saturne, Mardouk à Jupiter, Nergal à Mars, Ishtar à Vénus, Nébo à Mercure. C'était, en résumé, les astres et le ciel que les Chaldéens adoraient et dont ils faisaient leurs plus grands dieux.

3. Les démons et la magie[1]. — A côté de ces divinités respectées de tous, s'agitait un monde d'esprits secondaires, les uns bons, les autres mauvais, tous invisibles à l'homme, mais capables de lui profiter ou de lui nuire à leur gré. Ils se glissaient partout et se dissimulaient sous toutes les figures, le plus souvent sous des formes monstrueuses où les membres de l'homme se mêlaient à ceux des animaux. Les uns s'introduisaient dans les familles pour y semer la discorde et la haine. Les autres pénétraient dans les corps et y développaient les maladies. Les pestes, les fièvres, les fantômes, les vampires étaient autant de tribus distinctes appartenant à cette engeance redoutable.

Sans cesse en butte à leurs attaques, l'homme était sur la terre comme un voyageur égaré dans une contrée inconnue, au milieu de hordes sauvages. Il devait, pour leur résister, se ménager des alliés parmi les dieux et les esprits bienfaisants, se munir contre eux d'armes offensives ou défensives, en un mot, avoir recours à la magie. Il apprenait donc par cœur des formules, et portait des amulettes qui le protégeaient contre l'atteinte de ces démons. Le possesseur d'un amulette était inviolable, même aux dieux ; car le talisman était « une borne qu'on n'enlève pas, une borne que les cieux ne franchissent pas, borne du ciel et de la terre qu'on ne déplace pas,

____

1. Voir, pour plus de détails sur la magie, les *Lectures historiques*, p. 230 et suiv., 246 et suiv..

qu'aucun dieu n'a déracinée : une barrière qu'on n'enlève pas, disposée contre le maléfice ; une barrière qui ne s'en va pas et qu'on oppose au maléfice ».

Aussi les magiciens étaient-ils nombreux en Chaldée. Les uns étaient bien disposés pour l'homme et le guérissaient de ses maladies ou le défendaient contre les puissances invisibles qui le menaçaient. Les autres exerçaient une action malfaisante, vendaient des poisons, jetaient des charmes, déchaînaient par leurs imprécations les esprits mauvais. La vie du Chaldéen était troublée par la crainte perpétuelle des génies funestes et des sorciers qui leur commandaient : elle se passait à lutter contre eux et à conjurer leurs influences par tous les moyens imaginables.

4. Les dieux de l'Assyrie : Assour et Ishtar. — La religion de l'Assyrie n'était à l'origine qu'une religion locale, où Assour jouait le rôle de dieu féodal, comme Mérodach à Babylone. Mais, de même qu'en Égypte la prépondérance de Thèbes sur les autres cités assura au dieu féodal thébain Amon la suzeraineté incontestée sur les autres dieux de la vallée du Nil, de même la grandeur toujours croissante de l'Assyrie mit pour un temps Assour au-dessus des autres dieux chaldéens.

Assour n'est plus, en Assyrie, un dieu égal aux autres dieux ; il est le maître et le roi des dieux, et aucun dieu n'ose se proclamer son rival. C'est en son nom que les rois font la guerre, qu'ils brûlent les villes, saccagent les temples, massacrent les peuples ou les emmènent en esclavage. Il n'est plus attaché à une ville : quand même la capitale change de place, Assour se déplace avec elle et va d'El-Assour à Kalakh, de Kalakh à Ninive ou ailleurs, sans cesser d'être le dieu suprême. Les anciens dieux de la Chaldée, Mérodach, Nébo, Eà, Bel, ne sont plus que ses humbles sujets et s'inclinent devant lui, comme les peuples qui les adorent s'inclinent devant la ville d'El-Assour et devant l'Assyrie.

Il n'a point de femme, point d'enfant qui partage avec lui la royauté du ciel : c'est tout au plus s'il tolère à ses côtés la présence d'une Ishtar, dame des batailles, guerrière comme lui, cruelle comme lui. Si l'empire d'Assyrie avait duré, Assour aurait peut-être fini par supprimer les autres divinités et par rester le dieu unique : comme la chute de Thèbes mit à néant la suzeraineté d'Amon, la destruction de Ninive anéantit celle d'Assour.

5. Mérodach de Babylone. — Mérodach aurait pu hériter de son autorité, au même temps où Babylone recueillit l'héritage de Ninive. Il était le maître — *bîlou* — de la cité, et on le connaissait sous son titre de Bîlou (Bêlos, Bel) autant que sous son nom réel de Mérodach. Mérodach devint avec Nabopolassar et Nabuchodorosor le plus puissant des dieux de la Chaldée, et bientôt Nabounâhid essaya de faire de lui le dieu suprême, le dieu unique de son empire, ce qu'Assour avait été en Assyrie. Il tira les dieux féodaux de leurs villes et les transporta à Babylone autour de Mérodach, comme autant de vassaux.

Sa tentative ne lui réussit pas : non seulement il excita la colère des villes dont il humiliait les dieux, mais il irrita Babylone elle-même. Les prêtres de Mérodach virent d'un mauvais œil ces intrus, qui prenaient une part des hommages réservés jusqu'alors à leur dieu seul. Ils soulevèrent le peuple contre Nabounâhid, et leur mécontentement rendit la victoire des Perses plus facile ; ils virent dans Cyrus un sauveur que Mérodach leur envoyait pour rétablir la pureté du culte, l'appelèrent de leurs vœux, le soutinrent après la victoire, et, par là, perdirent la bonne fortune qui leur avait été offerte de transformer leur dieu local, seigneur d'une seule ville, en un dieu national, commun à tous les Chaldéens.

6. **Longue survivance des cultes chaldéens.** — La religion chaldéenne survécut longtemps à la ruine de l'empire. Elle se perpétua jusqu'aux temps de la conquête arabe, déshonorée par toutes sortes de pratiques et de superstitions barbares. Les vieux sanctuaires du Bas-Euphrate, Ourouk (Orchoé) surtout, conservaient encore aux premiers siècles de notre ère un certain renom de science : c'est dans leurs écoles que se formèrent les plus célèbres de ces *Chaldéens* qui venaient exercer dans l'empire romain les professions d'astrologues, de magiciens et de prophètes. L'effort combiné des doctrines juives, chrétiennes et persanes refoula peu à peu les superstitions antiques : elles succombèrent dans les temps qui suivirent la conquête arabe, laissant derrière elles quelques sectes qui s'éteignirent l'une après l'autre du vi^e au xive siècle après J.-C.

RÉSUMÉ

1. Comme l'Égypte, la Chaldée eut au début sa féodalité de dieux : Eâ, dans Éridou ; Bel, à Nipour ; Mérodach, à Babylone ; Assour, en Assyrie.

2. Ces dieux, s'alliant les uns aux autres, formèrent ensuite une sorte de confédération divine, au sommet de laquelle trônait un conseil de trois membres : Anou, le ciel ; Bel, le créateur du monde ; Eâ, le maître des sciences et de la vie. Au-dessous d'eux viennent des dieux moins vagues : Sin, la lune ; Shamash, le soleil ; les divinités des planètes : Nébo (Mercure), Ishtar (Vénus), Adar (Saturne), etc.

3. A côté de ces êtres supérieurs s'agitaient des milliers d'esprits secondaires, les uns bons, les autres mauvais, qui attaquaient ou protégeaient l'homme, et sur lesquels il exerçait une autorité souveraine au moyen d'amulettes et de formules magiques. Les magiciens, nombreux en Chaldée, exerçaient une action bienfaisante ou malfaisante selon la nature des esprits auxquels ils apprenaient à commander.

4. En Assyrie, le dieu national Assour n'était d'abord que le dieu féodal de la ville d'El-Assour. Il grandit et devint le maître des autres dieux, à mesure que l'Assyrie étendait plus loin son empire : il tomba dans l'oubli dès que Ninive fut détruite.

5. Mérodach, le maître (*bîlou*) de Babylone, et connu pour cette raison sous le nom de Bel, faillit un moment, sous Nabounâhid, hériter l'autorité suprême qu'Assour avait possédée : la chute de Babylone mit fin à sa courte suprématie.

6. La religion chaldéenne se prolongea défigurée jusqu'aux temps qui suivirent la conquête musulmane.

CHAPITRE XIV

LES MONUMENTS ET LES ARTS INDUSTRIELS

1. Pourquoi les Chaldéens font surtout usage de la brique. — 2. Les plus anciens monuments de la Chaldée. — 3. Les monuments de l'Assyrie. — 4. La sculpture chaldéenne. — 5. La sculpture assyrienne. — 6. Les arts industriels.

1. Pourquoi les Chaldéens font surtout usage de la brique. — La Chaldée, terre d'alluvions, ne renferme ni calcaire compact, ni marbre, ni granit, ni basalte, ni aucune des pierres dures dont les Égyptiens surent tirer si bon parti. Les premiers architectes chaldéens furent donc réduits à puiser dans le sol même les matériaux de leurs constructions ; ils employèrent la brique crue ou cuite, ou émaillée. Leurs briques sont fort larges : elles portent d'ordinaire, sur l'un des plats, le nom et les titres officiels du prince sous lequel elles ont été fabriquées.

2. Les plus anciens monuments de la Chaldée. — Les plus anciens monuments se trouvent dans la Basse-Chaldée, dans les ruines d'Ourouk, de Larsam, d'Éridou, d'Ourou et de Lagash. Ce sont des temples et des palais, édifiés par des rois contemporains des pharaons qui construisirent les pyramides d'Égypte.

Ils sont tous élevés sur un soubassement en briques crues, qui atteint parfois jusqu'à vingt mètres de hauteur, et qui forme une sorte de colline artificielle, sur laquelle l'édifice était à l'abri des inondations. On accédait à la plate-forme par des pentes douces praticables aux chevaux et aux chars, et par des escaliers creusés, pour ainsi dire, dans la masse du soubassement. Le palais lui-même était une sorte de bloc carré ou rectangulaire, dont les parois hautes et nues n'avaient d'ouvertures qu'une ou plusieurs portes sur chaque face : elles étaient décorées parfois de longues rainures prismatiques qui en rompaient la monotonie. A l'intérieur, c'était un dédale de cours assez vastes et de petites chambres aux murs épais, plus longues que larges, recouvertes de voûtes en berceau, éclairées de haut par d'étroites lucarnes. Dans un des angles s'élevait d'ordinaire la tour pyramidale, — *ziggourât*, — qui est l'élément le plus caractéristique de l'architecture chaldéenne. Les *ziggourât* avaient sept étages, chacun de couleur différente et consacré à un dieu particulier, le soleil, la lune et les cinq planètes. Les étages sont autant de cubes pleins, placés en retraite l'un sur l'autre : le dernier était surmonté souvent d'une chapelle où l'on rendait un culte au dieu local.

La décoration intérieure était des plus simples. Les murs étaient garnis d'une couche de stuc ou de crépi à la chaux, qui dissimulait les briques, et sur lequel on peignait des ornements géométriques ou des figures d'hommes et d'animaux. On substituait souvent à cet enduit fragile un revêtement plus durable de briques émaillées, blanches, noires, jaunes et rouges. Le mélange des couleurs formait une décoration harmonieuse et fraîche, qui de plus avait l'avantage de résister au temps : aujourd'hui encore, après des siècles, les plus vieilles comme les plus jeunes de ces briques conservent une vivacité de ton et un éclat merveilleux (fig. 20).

3. Les monuments de l'Assyrie. — Les Assyriens continuèrent la tradition de l'architecture chaldéenne sans la modifier sensiblement. La brique est toujours la matière principale de leurs constructions; mais le calcaire, que les montagnes du Kourdistan leur fournissaient

Fig. 20. — Revêtement en briques émaillées formant tableau, provenant de Khorsabad (VIIIe siècle av. J.-C.).

en abondance, leur ont permis de donner souvent aux édifices un revêtement de pierre. Ils mettaient, à la base des terre-pleins, des assises de moellons d'assez petite taille, mais parés et dressés avec soin : à l'intérieur, ils employaient de préférence des plaques minces, pour le dallage des pièces ou pour le revêtement des parois.

La disposition générale des temples et des palais

que nous connaissons, à El-Assour, à Kalakh, à Ninive, à Dour-Sharoukîn (Khorsabad)[1], est la même que celle des temples et des palais chaldéens : de grandes cours, des chambres et des couloirs voûtés prenant la lumière par en haut, des tours à étages. La décoration extérieure ou intérieure paraît avoir été beaucoup plus riche. Les portes étaient flanquées de taureaux à tête humaine et de statues gigantesques, représentant le héros Gilgamès qui étouffe un lion. Le bas des murs était garni parfois d'une plinthe, et les baies des portes d'un bandeau en briques émaillées, accompagnant le cintre et chargé de figures mystiques. Deux palmiers en bronze doré se dressaient à l'une des entrées du harem de Khorsabad. Les rares fenêtres qui s'ouvraient à l'étage supérieur des tours étaient ornées de légères colonnes à chapiteau presque ionique, et de balustrades en bois sculpté.

Dans les salles de réception, les murailles étaient revêtues, jusqu'à mi-hauteur, de bas-reliefs représentant les batailles et les chasses du roi fondateur.

4. La sculpture chaldéenne. — Les sculpteurs de la Chaldée nous ont laissé beaucoup moins d'œuvres que ceux de l'Égypte. Le plus grand nombre des statues chaldéennes qu'on ait découvertes jusqu'à présent viennent de Lagash, et sont conservées au Musée du

Fig. 21. — Une des têtes de Lagash, au Louvre.

1. Voir dans les *Lectures historiques*, p. 204 et suiv., la description de Dour-Sharoukîn.

Louvre. Elles sont en diorite bleu ou noir et n'ont plus de tête : en revanche, nous possédons une demi-douzaine de têtes mutilées dont le corps a disparu. Elles ont une physionomie lourde et dure (fig. 21) : menton large et carré, joues fortes, bouche épaisse et sensuelle, nez épaté, gros yeux surmontés d'é-pais sourcils re-joints.

Les corps sont les uns debout, les autres assis sur un tabouret ou sur une chaise sans dossier (fig. 22). Le costume consiste en un long châle qui passe sous le bras droit, puis sur l'é-paule gauche, et retombe en s'éva-sant légèrement

Fig. 22. — Statue sans tête de Goudéa, au Louvre.

jusqu'à la cheville du personnage. Les plis de l'étoffe sont indiqués sommairement, de façon convention-nelle. Le nu est modelé lourdement, mais avec une vérité et un souci du détail qui étonne : l'artiste a réussi à tout indiquer malgré la dureté de la pierre, jusqu'à la courbure des ongles et aux rides de la peau. Les proportions du corps humain ne sont pas toujours bien observées : les épaules et les hanches sont trop larges pour la hauteur du buste et la longueur des jambes.

A cela près, les statues de Lagash sont les portraits fidèles des personnages qu'elles étaient chargées de représenter : c'est Goudéa et les princes de sa race qu'elles nous mettent sous les yeux, chacun avec son port individuel. Je ne doute point qu'ici, comme en Égypte, ce souci de reproduire un portrait réel ne se rattache à une préoccupation religieuse. De même que la statue égyptienne, la chaldéenne était un support d'âme, un corps auquel le personnage représenté confiait une partie de son *double* : pour que ce double ne souffrît point, il fallait que le corps de pierre fût la contre-partie exacte de son corps de chair.

5. La sculpture assyrienne. — La sculpture assyrienne n'est que la suite et le développement de la sculpture chaldéenne. Les statues sont rares : l'albâtre, le calcaire, le gypse qu'employaient les Assyriens n'ont pas résisté au temps avec autant de bonheur que le diorite des Chaldéens. La plus remarquable, celle d'Assournazirhabal (fig. 23), est d'une facture savante et ferme. La tête a une force d'expression et une vigueur de modelé que n'ont point les têtes chaldéennes : elle est malheureusement alourdie par les masses frisées de la chevelure et de la barbe. Le corps est long, bien proportionné, de grande allure, malgré la robe et le châle frangé qui s'enroule autour de lui et l'empaquette du cou jusqu'aux pieds. Il n'a pas fallu un médiocre talent à l'artiste pour éviter la laideur avec un costume pareil.

Au contraire des statues, les bas-reliefs sont fort
nombreux. Ils sont d'un art libre et fier, qui atteint
parfois à de grands effets par des moyens fort simples
et avec des procédés fort imparfaits. La perspective
y est des plus sommaires, les proportions relatives
des objets ne sont pas ob-
servées, ou plutôt elles
sont calculées selon l'importance que les objets
ont dans les scènes où
ils sont représentés : les
hommes sont presque tou-
jours aussi hauts que les
arbres, et les fantassins
donnent consciencieuse-
ment l'assaut à des forteresses plus petites qu'eux.
Malgré ces défauts, les
bas-reliefs assyriens lais-
sent sur le spectateur l'im-
pression du mouvement
et de la vie : on s'y bat,
on s'y tue, on y chasse
réellement, et la plupart
des épisodes qu'on y ob-

Fig. 23. — Statue d'Assournazirhabal,
au British Museum.

serve sont assez heureusement composés pour qu'un
artiste de nos jours eût peu à y corriger, s'il voulait
les interpréter à notre façon et en faire des tableaux
modernes. Ils ont d'ailleurs le mérite d'être fidèles
jusqu'à la minutie et de nous montrer la vie assyrienne en son détail : ce sont des documents précieux

pour l'historien, en même temps que des œuvres d'art d'un mérite réel[1].

6. Les arts industriels. — Nous possédons peu de monuments des arts secondaires, la verrerie, la sculpture sur bois, la tapisserie, la céramique. Les Assyriens, et surtout les Chaldéens, excellaient à broder sur leurs étoffes de véritables tableaux analogues à ceux que nous voyons encore sur les murs de leur palais ; mais le temps a détruit toutes ces *peintures à l'aiguille*, pour lesquelles les Grecs et les Romains professaient encore une admiration extraordinaire[2].

Il nous a conservé beaucoup de débris de leur industrie métallurgique, dont plusieurs témoignent d'une habileté remarquable. Leurs poids de bronze, en forme de lion couché, sont d'une facture très savante ; la tête surtout est d'une vérité parfaite (fig. 24).

Fig. 24. — Lion en bronze (Musée du Louvre).

Les statuettes de divinités, les amulettes, les appliques en bronze des fauteuils et des lits sont parfois des chefs-d'œuvre de ciselure fine et délicate. Les portes en bois du palais de Salmanasar à Ba-

---

1. La plupart des vignettes insérées dans la seconde partie de mes *Lectures historiques* sont la reproduction fidèle de ces bas-reliefs, et donnent une idée fort nette des défauts comme des qualités de l'art assyrien.

2. En voir un spécimen, reproduit d'après un bas-relief assyrien dans les *Lectures historiques*, p. 291.

Iaouât étaient décorées de bandes en bronze de 0^m,26 de hauteur, travaillées au repoussé et représentant les expéditions du roi. La meilleure partie en est déposée aujourd'hui dans les galeries du British Museum. Ce sont les mêmes sujets qu'on voit sur les plaques de calcaire, batailles, sièges de villes, poursuites d'ennemis à travers des pays de forêts et de montagnes, passages de rivières. Les dimensions en sont fort réduites, mais le faire est le même et prouve une grande habileté à traiter le métal.

La même perfection se retrouve dans les rares objets en ivoire qui ont survécu à la destruction, et surtout dans les nombreux cylindres ou cachets en pierre dure de différentes espèces, qu'on recueille en grand nombre dans les ruines des villes[1]. La sculpture industrielle, la petite sculpture, ne le cédait en rien à la grande, et l'industrie assyro-chaldéenne tenait glorieusement sa place dans le monde ancien à côté de l'industrie égyptienne.

RÉSUMÉ

1. La Chaldée, terre d'alluvions, manque de pierre à bâtir. Elle a employé à ses constructions la brique crue ou cuite.

2. Les plus anciens monuments de la Basse Chaldée, ceux d'Ourou, de Larsam, d'Ourouk et de Lagash, sont des temples et des palais édifiés sur des soubassements en briques crues, et accessibles par des plans inclinés ou

---

1. Voir, pour la bijouterie, les *Lectures historiques*, p. 292 et suiv. ; pour les cylindres, le même volume, p. 237 et suiv.

par des escaliers latéraux. Ils sont dominés d'ordinaire par une *ziggourât* ou tour pyramidale à étages, qui est l'élément le plus caractéristique de l'architecture chaldéenne. Ils étaient décorés à l'intérieur et à l'extérieur, tantôt de peintures exécutées sur crépi, tantôt de briques émaillées.

3. L'architecture assyrienne reproduit toutes les dispositions de l'architecture chaldéenne. Les palais de Ninive et des autres capitales de l'Assyrie étaient souvent revêtus de longues dalles en pierre sculptée et peinte.

4. Nous avons peu de restes de l'antique sculpture chaldéenne. Les plus anciens et les plus beaux ont été découverts à Tello par M. de Sarzec et sont au Musée du Louvre : ce sont les statues de Goudéa et des princes de Lagash appartenant à sa famille.

5. La sculpture assyrienne n'est que la suite et le développement de la chaldéenne. Nous ne possédons plus qu'un petit nombre de statues, dont la meilleure est celle d'Assournazirhabal. Les bas-reliefs, fort nombreux, sont de véritables tableaux pleins de mouvement et de vie.

6. Il ne subsiste rien des broderies et des tapisseries chaldéennes si célèbres dans l'antiquité. De tous les arts secondaires, la métallurgie est celui dont nous pouvons le mieux juger, grâce au beau lion du Louvre et aux bas-reliefs en bronze de Balaouât.

CHAPITRE XV

LES DÉCOUVERTES CONTEMPORAINES

1. Les éléments de l'écriture cunéiforme. — 2. La littérature
chaldéenne. — 3. Déchiffrement des caractères cunéiformes
persans. — 4. Déchiffrement des écritures cunéiformes
assyriennes et chaldéennes. — 5. Part de la France dans
le développement des études assyriologiques.

1. Les éléments de l'écriture cunéiforme. — L'écriture chaldéenne paraît avoir été purement hiéroglyphique à l'origine. Chaque signe y était l'image de la
chose même qu'on voulait représenter, ou de l'objet
matériel qui paraissait offrir le plus d'analogie avec
l'idée qu'on désirait exprimer. Ainsi, pour marquer
l'idée de dieu on prenait l'étoile à huit pointes; pour
celle du roi on avait recours à l'abeille. Ces deux signes, tracés rapidement, se déformèrent et devinrent,
l'étoile ⸬, puis ⸬, l'abeille ⸬, ⸬
et ⸬. Ces caractères gravés sur la pierre avec un
ciseau, sur l'argile avec un stylet en métal, sont
appelés aujourd'hui *cunéiformes*, à cause de l'aspect
de *coin* ⸬ que présente chacun des traits dont ils se
composent.

Ils sont pour la plupart syllabiques et idéographiques à la fois, c'est-à-dire qu'ils rendent, selon la volonté de l'écrivain, soit une syllabe déterminée qui, combinée avec d'autres syllabes, sert à écrire un mot, soit un mot complet, dont le son n'a d'ordinaire rien de commun avec celui de la syllabe. Le lecteur choisissait entre les valeurs différentes d'un même signe celle qui lui paraissait le mieux convenir au sens et au mouvement général de la phrase qu'il déchiffrait : il était exposé à se tromper parfois, et, pour obvier à ces erreurs, il était obligé de consulter des syllabaires, où les sens et les lectures de tous les signes étaient enregistrés avec soin. « Une bonne « moitié de ce que nous possédons des monuments « de l'écriture cunéiforme se compose de guide-ânes, « qui peuvent nous servir à déchiffrer l'autre moitié, « et que nous consultons exactement comme le fai- « saient, il y a deux mille cinq cents ans, les étu- « diants de l'antique pays d'Assour[1]. »

2. La littérature chaldéenne. — Ce système incommode d'écriture se répandit promptement chez tous les peuples qui habitaient le bassin de l'Euphrate : dès le xve siècle avant notre ère, il était adopté par les Syriens et servait à la correspondance officielle de leurs rois avec l'Égypte. On l'employait non seulement à rendre les langues sémitiques, mais encore à transcrire des idiomes étrangers, ceux de l'Élam et d'une partie des Hittites depuis une haute antiquité, ceux de l'Arménie et de la Cappadoce depuis le viiie siècle. Quand les Mèdes et les Perses arrivèrent

1. Fr. Lenormant, *Essai sur la propagation de l'alphabet phénicien*, t. I, p. 48.

à la vie politique, ils l'empruntèrent aux Chaldéens, et, le simplifiant, l'adaptèrent à leurs besoins. Nous ne possédons jusqu'à présent qu'un petit nombre d'inscriptions qui proviennent de ces peuples étrangers : le gros de la littérature cunéiforme appartient aux Chaldéens et aux Assyriens.

Les grands temples de chacune des villes avaient leur bibliothèque remplie d'ouvrages composés à des époques différentes et dont les rois de Ninive, surtout Assourbanipal, firent prendre des copies pour les déposer dans leurs palais[1]. Quelques-uns de ces livres en terre cuite contiennent de véritables histoires du pays ou de longs extraits d'annales aujourd'hui perdues ; d'autres portent des listes de rois ou de dieux ; d'autres sont des pièces officielles de toute nature, lettres, rapports des généraux au souverain, proclamations au peuple. Le plus grand nombre traitent de religion et de science. Ce sont des hymnes aux différentes divinités, des psaumes, des fragments de rituels, surtout des incantations magiques destinées à évoquer les esprits ou à guérir les malades. L'astrologie, la science des présages et des songes, l'astronomie proprement dite, les mathématiques avaient fourni la matière de beaucoup d'écrits dont les restes ne sont pas toujours faciles à interpréter. Les contrats de prêts ou de louage, d'achat ou de vente, de mariage ou de partage, ont été retrouvés par milliers et nous permettent d'entrevoir ce qu'était le droit en

---

1. On trouvera dans mes *Lectures historiques*, p. 305 et suiv., de longs détails sur la bibliothèque d'Assourbanipal et sur la littérature chaldéo-assyrienne.

Chaldée et en Assyrie[1]. Enfin les syllabaires et les traités grammaticaux dont j'ai parlé plus haut forment presque à eux seuls une moitié de la littérature chaldéo-assyrienne.

Les mérites de ces œuvres sont très divers et souvent difficiles à découvrir : les idées qui s'y reflètent, les manières de penser et d'exprimer la pensée qu'elles révèlent, sont si éloignées des nôtres que nous n'arrivons pas toujours à tout rendre, ni même à tout comprendre. Du moins le nombre même et l'étendue nous montrent-ils qu'aux bords du Tigre et de l'Euphrate comme aux bords du Nil, le mouvement des esprits et la recherche du beau étaient poussés aussi activement qu'ils l'ont pu être chez les peuples classiques du monde ancien.

3. **Déchiffrement des caractères cunéiformes persans.** — Dès le viie siècle avant notre ère, l'alphabet araméen, dérivé du phénicien, s'était introduit en Assyrie et en Chaldée pour les usages courants de la vie. L'emploi des cunéiformes fut continué pourtant presque aussi longtemps que celui des hiéroglyphes : plusieurs contrats nous sont parvenus, qui ont été rédigés à la fin du premier ou au commencement du second siècle après J.-C. L'alphabet syriaque et ses dérivés, l'alphabet pehlvi et enfin l'alphabet arabe se substituèrent plus tard au syllabaire antique, et l'oubli s'étendit sur les écritures cunéiformes comme sur les égyptiennes.

Elles ne commencèrent à exciter la curiosité des Euro-

---

1. Voir, p. 242 et suiv. des *Lectures historiques*, quelques exemples de ces contrats.

péens que dans la seconde moitié du XVI⁰ siècle : l'Espagnol Garcias de Sylva de Figueroa, et le Romain Pietrodella Valle virent les premiers les inscriptions en caractères cunéiformes qui décoraient les palais de Persépolis. Le Français Chardin, en 1674, en publia quelques lignes; l'Allemand Kæmpfer, en 1712, et surtout le Danois Niebuhr, en 1765, donnèrent des copies correctes, qui permirent d'y reconnaître trois systèmes différents répondant à trois langues. Ce fut seulement au début de notre siècle que le déchiffrement commença.

Le 4 septembre 1802, Georges-Frédéric Grotefend en exposa le principe devant la Société académique de Göttingen. Il s'était attaqué au système le plus simple, et, supposant qu'il cachait la langue de la Perse antique, chercha à y reconnaître les noms et les titres des rois de Perse, Cyrus, Darius, Xerxès. Il y réussit et détermina la valeur d'un assez grand nombre de signes. Les travaux, repris simultanément, en Allemagne par Lassen, en France par Eugène Burnouf, aboutirent en 1836 au déchiffrement complet des inscriptions perses dont on possédait des copies en Europe. Quelques années plus tard, Henry Rawlinson envoyait de Perse même la traduction de la longue inscription de Béhistoun, où Darius raconte l'histoire de ses conquêtes (1846-1849).

4. Déchiffrement des écritures cunéiformes assyriennes et chaldéennes. — Les textes persans une fois lus, le déchiffrement des autres textes non persans devenait relativement aisé. En 1842, M. Botta, consul de France, à Mossoul, inaugura les grandes fouilles par l'exploration des ruines de Khorsabad ; les monuments qu'il y déterra forment aujourd'hui le fond de nos collections assyriennes au Louvre. Bientôt après, en 1845, l'Anglais Layard mettait au jour plusieurs palais sur le site de l'ancienne Ninive.

Les savants européens, enhardis par l'arrivée de nombreuses inscriptions, se mirent aussitôt à l'œuvre. Dès 1847, nos deux compatriotes F. de Saulcy et A. de Longpérier avaient traduit exactement quelques courtes légendes. Dès lors le progrès fut rapide : Hincks en Angleterre, Rawlinson en Perse, Saulcy et Oppert en France, étudièrent de longues inscriptions et déterminèrent par des analyses minutieuses la nature du syllabaire, les valeurs des signes, les particularités grammaticales de la langue. Tout cela n'était pas sans provoquer de longues controverses et beaucoup d'incrédulité. Pour y couper court, la Société asiatique de Londres provoqua, en 1857, une épreuve dont les résultats furent décisifs. Elle fit remettre à quatre des assyriologues qui se trouvaient alors à Londres, MM. Hincks, Oppert, H. Rawlinson et Fox Talbot, la copie lithographiée d'une longue inscription inédite en les invitant à en faire la traduction. Les traductions comparées, non seulement on y trouva le même nom du roi Tiglathphalasar, mais le récit des mêmes faits presque dans les mêmes termes ; les différences portaient sur des points secondaires et n'avaient pas grande importance. Les savants les plus disposés jusqu'alors à nier le principe de la découverte furent obligés de l'admettre, et l'assyriologie fut classée désormais parmi les sciences reconnues de tous.

5. Part de la France dans le développement des études assyriologiques. — Elle n'a cessé de se développer depuis lors, et la France a pris à son histoire une part glorieuse. Les ouvriers de la première heure, Botta, Saulcy, Longpérier, furent remplacés et dépassés par Oppert et Ménant, auxquels succédèrent bientôt François Lenormant, Guyard et Amiaud, enlevés brusquement à la fleur de l'âge, Halévy, Pognon et d'autres qui maintiennent la perpétuité de l'école. Les fouilles, continuées par Place à Ninive, puis à Babylone par Fresnel et Oppert en 1851, furent interrompues pendant plus de vingt ans après eux. Reprises d'abord par les Anglais, le produit en enrichit le *British Museum*, et fit du Musée de Londres le dépôt le plus important d'antiquités assyriennes qu'il y ait au monde. En 1878 seulement, notre consul à Bassora, M. de Sarzec, obtint du gouvernement turc l'autorisation d'entreprendre des recherches dans la Basse Chaldée. Les monuments qu'il découvrit dans une première mission sont aujourd'hui déposés au Louvre; ce sont les statues des rois de Lagash dont j'ai parlé plus haut.

RÉSUMÉ

1. **L'écriture chaldéenne,** purement hiéroglyphique au début, contient des idéogrammes et des syllabiques, mais non des lettres. Les caractères sont formés de traits, en forme de clous ou de coins, qui ont valu au système le nom d'écriture cunéiforme. Le même signe a parfois des emplois si divers que, pour éviter des erreurs de lecture,

les Chaldéens étaient obligés de consulter sans cesse des syllabaires, où les valeurs des caractères étaient notées avec soin.

2. Le système d'écriture cunéiforme se répandit en Syrie, en Arménie, en Élam, en Perse, et se modifia plus ou moins, selon le caractère des langues auxquelles on l'adaptait. La littérature chaldéo-assyrienne, écrite sur des tablettes d'argile, nous a été conservée surtout par la bibliothèque d'Assourbanipal, découverte à Ninive.

3. Le syllabaire cunéiforme fut remplacé progressivement par l'alphabet araméen et cessa d'être usité dans les premiers siècles de notre ère. Le déchiffrement n'en commença qu'en 1802, par les inscriptions du système persan. L'Allemand Grotefend tira des inscriptions de Persépolis un alphabet qui fut complété par Lassen en Allemagne, par Burnouf en France.

4. Les fouilles de Botta à Khorsabad, et de Layard à Ninive, fournirent aux savants de l'Europe une matière abondante. En dix ans (1847-1857), Longpérier, Saulcy, Oppert en France, Rawlinson, Hincks et Talbot en Angleterre, apprirent à lire et à traduire les textes rédigés en assyrien.

5. Depuis lors, l'assyriologie n'a cessé de prospérer, et la France a eu sa part au développement de la science nouvelle, grâce à Oppert, à Ménant, à François Lenormant, à Guyard, et à beaucoup d'autres, qui rivalisent d'ardeur avec les savants de l'Allemagne et de l'Angleterre.

LIVRE III

LES ISRAÉLITES ET LES PHÉNICIENS

CHAPITRE XVI

DESCRIPTION DE LA PALESTINE : LES CANANÉENS, LES PHILISTINS

1. La vallée du Jourdain. — 2. Nature du sol. — 3. Les habitants du pays à l'époque égyptienne. — 4. Invasion des Philistins et des Enfants d'Israël.

1. La vallée du Jourdain. — Le pays des Hébreux, qu'on appelle improprement Palestine[1], occupe la Syrie méridionale, entre le mont Hermon et le désert d'Egypte. Il est traversé dans toute sa longueur par une vallée profonde et abrupte qui ne ressemble à aucune autre au monde. C'est une déchirure produite à la surface du sol par les actions volcaniques, une large fissure qui s'est entre-bâillée au commencement des siècles et qui ne s'est plus jamais refermée. Le Jourdain qui l'arrose emplit, à quelques lieues à peine de sa source, un lac, celui de Mérom.

---

1. Palestine signifie, à proprement parler le pays des Philistins.

dont le niveau concorde avec celui de la Méditerranée. Mais, à partir de ce point, la vallée se creuse et
s'enfonce pour ainsi dire en terre ; le fleuve descend
du lac de Mérom au lac de Génésareth, du lac de
Génésareth à la mer Morte, où la dépression atteint
son maximum d'intensité, 419 mètres au-dessous du
niveau de la Méditerranée. Au sud de la mer Morte,
la vallée se resserre et se relève jusqu'à une hauteur
de 500 mètres, avant de venir expirer au fond de la
mer Rouge.

2. Nature du sol. — Rien de plus dissemblable que
les deux rives du Jourdain. A l'est, le terrain monte
brusquement à l'altitude d'environ mille mètres,
comme une muraille à pic que couronne un immense
plateau, légèrement ondulé, entrecoupé de bois et de
pâturages, et sur lequel courent les affluents du
Jourdain et de la mer Morte, le Yarmouk, le Jabbok,
l'Arnon.

A l'ouest, ce sont des masses confuses de collines,
dont les penchants, à peine recouverts d'un sol
maigre, nourrissent néanmoins le blé, l'olive et le
figuier. Un rameau, séparé de la chaîne principale
un peu au sud du lac de Génésareth, le Carmel, monte
vers le nord-ouest et s'en va droit à la mer.

Au nord du Carmel, la Galilée abondait en eaux
fraîches et en vastes campagnes ; « les grosses fermes
« étaient ombragées de vignes et de figuiers ; les jar-
« dins étaient des massifs de pommiers, de noyers,
« de grenadiers. Le vin était excellent, s'il en faut
« juger par celui que les Juifs recueillent encore à
« Safed. »

Au sud, la contrée se partage naturellement en trois zones parallèles. C'est d'abord une plage alternée de dunes et de marais, puis une étendue de plaines, boisées par place et arrosées par des rivières encombrées de roseaux, enfin la montagne. La région des sables est susceptible de culture et les villes qu'elle renferme, Gaza, Ascalon, Joppé, Ashdod, étaient entourées de vergers et de bois de dattiers. La plaine porte chaque année des moissons considérables, sans engrais et presque sans culture. Les montagnes, vertes encore en certains endroits, deviennent de plus en plus nues à mesure qu'on avance vers le sud. Les vallées y sont sans eau ; le sol, aride et brûlé, perd sa fertilité peu à peu et se confond insensiblement avec le désert. Dès lors, ce ne sont plus, jusqu'à la mer Rouge, que longs plateaux sablonneux, ravinés par les lits des torrents à sec et dominés par des massifs volcaniques, le Séir et, tout au sud, le Sinaï. Les pluies du printemps y développent pendant quelques semaines une végétation hâtive, qui suffit aux besoins des nomades et de leurs troupeaux.

3. Les habitants du pays à l'époque égyptienne. — Ce vaste territoire était habité aux temps de la conquête égyptienne par des peuples d'origine diverse, dont les plus nombreux appartenaient aux races dites sémitiques et étaient connus d'une manière générale sous le nom de Cananéens. La plupart de leurs tribus étaient scindées en fractions plus ou moins considérables et disséminées parfois sur une grande étendue de pays. Les Amorrhéens étaient massés sur le plateau à l'est du Jourdain, mais un de leurs clans avait poussé jusque dans la vallée de l'Oronte et s'appuyait sur la célèbre Qodshou ; un autre campait au bord de la mer, entre Ékron et Joppé ; un troisième, installé autour du mont Moriah, prenait de Jébus, sa capitale, le nom de Jébusites ; d'autres enfin s'étaient fixés près de Sichem et au sud d'Hébron, en assez grand nombre pour imposer aux montagnes qui longent la mer Morte le nom de Monts des Amorrhéens. Les Hivites vivaient à l'orient de Sidon, dans les vallées du Haut-Jourdain et du Litany. Quant aux Gergaséens, la dernière et la plus obscure des grandes races cananéennes, une partie d'entre eux paraît avoir habité à l'orient du lac de Génésareth.

La conquête égyptienne pesa inégalement sur ces différents peuples. Elle toucha à peine ceux d'entre eux qui avoisinaient la mer Morte et vivaient au delà du Jourdain. Elle dura cinq siècles environ sur ceux qui occupaient les versants de la Méditerranée et la plaine de Galilée. Les pharaons tinrent garnison à Gaza, à Joppé, à Mageddo, et leurs envoyés passaient chaque année de ville en ville pour recueillir le tribut : la moindre révolte était rudement réprimée[1].

4. **Invasion des Philistins et des Enfants d'Israël** — L'état intérieur du pays se modifia, vers le milieu du XIIIe siècle, par l'arrivée presque simultanée de deux nations nouvelles, les Philistins et les Enfants d'Israël. Les Philistins étaient originaires de l'Europe, probablement de la Crète. Ils faisaient partie des

---

1. Voir p. 27 et suiv. du présent volume.

Peuples de la mer qui envahirent l'Égypte au temps de Ramsès III [1] (fig. 25). Battus par ce prince, ils préférèrent entrer à son service plutôt que de retourner dans leur patrie lointaine, et obtinrent de lui la permission de s'établir sur la côte méridionale de la Syrie, entre Joppé et la frontière d'Égypte (vers 1260).

Le territoire qui leur fut concédé contenait cinq

Fig. 25. — Les Philistins prisonniers de Ramsès III, d'après un bas-relief de Médinet-Habou.

villes considérables : Gaza, Ascalon, Ashdod, Ékron et Gath. Ils s'y mêlèrent à la population cananéenne dont ils adoptèrent la langue et la religion : les dieux-poissons d'Ascalon, Dagon et Derkéto, devinrent leurs dieux. Les cinq villes formèrent une confédération, sur laquelle Gaza exerçait une suprématie justifiée par l'importance militaire et commerciale de sa position; venaient ensuite par rang d'influence Ashdod, Ascalon, Gath et Ékron. Chacune d'elles était gouver-

1. Voir p. 33 de ce volume.

née par un chef militaire indépendant, mais les cinq chefs se réunissaient en conseil pour délibérer des affaires et pour offrir des sacrifices au nom de la confédération : ils faisaient la guerre en commun, chacun à la tête du contingent de la cité dont il était le chef. Leur principale force consistait en chars et en archers dont l'adresse était proverbiale. Ils luttèrent sur mer contre les Phéniciens non sans succès ; sur terre, ils réduisirent bientôt en servitude la population des villes environnantes, et dominèrent la plus grande partie du pays situé entre le Jourdain et la Méditerranée.

Vers le même temps qu'ils s'étendaient sur la côte, les Enfants d'Israël paraissaient à l'est du Jourdain et s'y établissaient à demeure ; puis, franchissant le fleuve, venaient s'installer dans la terre promise.

RÉSUMÉ

1. Le pays des Hébreux, qu'on appelle improprement Palestine, est traversé du nord au sud par le Jourdain. Le Jourdain descend du lac de Mérom au lac de Génésareth, du lac de Génésareth à la mer Morte, à 419 mètres au-dessous du niveau de la Méditerranée.

2. Les contrées situées à l'est forment un plateau, coupé de bois et de pâturages, creusé profondément par les affluents du Jourdain. A l'ouest, ce sont des masses de collines qui, au nord, entourent la plaine de Galilée, au sud, se perdent peu à peu dans le désert d'Arabie.

3. Au temps de la conquête égyptienne, le pays était habité par des tribus cananéennes, dont les principales

étaient les Amorrhéens, les Hivites et les Gergaséens. Les pharaons touchèrent à peine celles d'entre elles qui vivaient sur le pourtour de la mer Morte et dans les contrées situées au delà du Jourdain : ils occupèrent les villes de la côte et celles qui jalonnaient la route de l'Euphrate, Gaza, Ascalon, Joppé, Mageddo, jusque vers le milieu de la xx° dynastie.

4. Vers 1260, les Philistins arrivèrent des mers de Grèce et, repoussés de l'Egypte, s'établirent, avec la permission de Ramsès III, dans les cinq villes de Gaza, Ascalon, Ashdod, Ekron et Gath. Dans le même temps, les Enfants d'Israël occupèrent la rive orientale du Jourdain et franchirent le fleuve.

CHAPITRE XVII

LA CRÉATION ET LE DÉLUGE
LES ISRAÉLITES EN ÉGYPTE ET DANS LE DÉSERT
MOISE

1. La création et la chute de l'homme. — 2. Le déluge universel. — 3. Abraham : Israël en Égypte. — 4. La sortie d'Égypte : Moïse. — 5. Israël au désert : la Loi. — 6. Israël à l'est du Jourdain : mort de Moïse.

1. La création et la chute de l'homme. — Les livres sacrés d'Israël nous apprennent qu'au début des choses, Dieu créa le ciel et la terre. « La terre était « désolation et vide, et il y avait des ténèbres sur « la face de l'abîme, et l'Esprit de Dieu planait sur « les eaux. Et Dieu dit : Que la lumière soit! et la « lumière fut. Et Dieu vit que la lumière était bonne, « et Dieu sépara la lumière d'avec les ténèbres. Il « appela la lumière *jour*, et les ténèbres il les appela « *nuit*. » Six jours durant, Dieu créa le ciel, puis la terre et les mers, puis les astres, les oiseaux et les poissons, les animaux, l'homme enfin qu'il fit à son image : le septième jour il se reposa, car son œuvre était terminée.

Cependant, Dieu avait placé l'homme dans un jardin de délices, en lui permettant de manger de tous les fruits qui y croissaient : « Mais de l'arbre de la « connaissance du bien et du mal, tu n'en mangeras « pas; car le jour que tu en mangeras, tu mourras « certainement ». Il le plongea ensuite dans un profond sommeil, lui prit une de ses côtes et en façonna la première femme, Ève, la mère de tous les vivants. Ève, tentée par le serpent, le plus rusé parmi les animaux des champs, enfreignit l'ordre de Dieu, mangea le fruit de l'arbre de la connaissance du bien et du mal et en fit manger à son mari. Adam fut chassé du Paradis terrestre, et condamné à une vie de misère : « A la sueur de ton visage tu mange- « ras ton pain, jusqu'à ce que tu retournes au sol, « car c'est de lui que tu as été pris. Tu es poussière « et tu retourneras à la poussière. »

2. Le déluge universel. — La race d'Adam et d'Ève se répandit sur la terre et s'accrut dans le crime. Caïn, le premier-né, tua son frère Abel, mais Dieu remplaça Abel par Seth, et de Seth descendirent neuf patriarches qui continuèrent la lignée d'Adam pendant de longs siècles. « Alors l'Éternel vit que la « méchanceté de l'homme était grande sur la terre, « et il se repentit d'avoir fait l'homme et il s'en affli- « gea en son cœur, et il se dit : « J'exterminerai de « dessus la face de la terre l'homme que j'ai créé, « l'homme et le bétail, jusqu'aux reptiles et aux « oiseaux des cieux, car je me repens de les avoir « faits. » Noé seul trouva grâce devant l'Éternel, parce qu'il était juste. L'Éternel lui commanda de construire une arche et de s'y enfermer avec sa femme, ses trois fils, Sem, Cham, Japhet, et les femmes de ses fils, et un couple de chaque espèce animale.

« L'an 600 de la vie de Noé, au second mois, le
« dix-septième jour, en ce jour-là, toutes les fontaines
« du grand abîme se rompirent, et la pluie tomba
« sur la terre quarante jours et quarante nuits.... Et
« les eaux se renforcèrent extraordinairement sur la
« terre, et toutes les hautes montagnes qui étaient
« sous tous les cieux furent couvertes.... Et tout ce
« qui existait sur la terre fut détruit, depuis l'homme
« jusqu'au bétail, jusqu'aux reptiles et jusqu'aux
« oiseaux des cieux; ils furent détruits de dessus la
« terre, et il ne resta que Noé et ce qui était avec lui
« dans l'arche. » La pluie cessa, les eaux diminuèrent,
l'arche se posa sur les montagnes d'Ararat, au septième mois, le dix-septième jour, et au premier jour
du dixième mois, les sommets des montagnes appa-
rurent. « Et il arriva, au bout de quarante jours, que
« Noé ouvrit la fenêtre de l'arche, et il lâcha le cor-
« beau, qui sortit, allant et revenant jusqu'à ce que
« les eaux eussent séché de dessus la terre. Et il
« lâcha d'avec lui la colombe, pour voir si les eaux
« avaient baissé sur la face du sol; mais la colombe
« ne trouva pas où baisser la plante de son pied, et
« revint à lui dans l'arche, car les eaux étaient à la
« face de toute la terre; et il étendit la main et il la
« prit, et il la fit rentrer dans l'arche. » La colombe,
lâchée une seconde fois, revint le soir, portant une
feuille d'olivier arrachée dans son bec; lâchée une
troisième fois au bout de sept jours, elle ne revint

plus. Noé sortit de l'arche, offrit un sacrifice à l'Éternel, et l'Éternel établit son alliance avec lui et lui promit que « toute chair ne périrait plus par le Déluge ».

L'humanité nouvelle se propagea rapidement, et les trois fils de Noé, Sem, Cham et Japhet, furent les pères des trois grandes races qui se partagèrent la terre. Elles n'avaient d'abord qu'une seule langue et une même patrie, le pays de Sennaar : elles voulurent y élever un monument, une tour gigantesque, qui leur servît de point de ralliement. « Et l'Éternel descendit pour voir la ville et la tour que les fils des hommes bâtissaient. Et leur orgueil l'effraya et il dit : « Allons, descendons et brouillons leur langage, « afin qu'ils n'entendent plus le parler l'un de « l'autre. » Et l'Éternel les dispersa à la surface de la terre et ils cessèrent de bâtir la tour. C'est pourquoi on nomme son nom Babel, car là l'Éternel confondit le langage de toute la terre.

3. Abraham : Israël en Égypte. — Et longtemps après vivait, dans la ville de Charran, un homme sage et craignant l'Éternel, Abraham, fils de Térach, originaire d'Our en Chaldée. « Et l'Éternel dit à Abraham : « Va-t'en de ton pays, et de ta parenté, et de la maison « de ton père, dans le pays que je te montrerai, et je « te ferai devenir une grande nation et je te bénirai, « et je rendrai ton nom grand et tu seras une béné- « diction, et je bénirai ceux qui te béniront et je « maudirai ceux qui te maudiront, et en toi seront « bénies toutes les familles de la terre. » Abraham, après diverses aventures qui le menèrent jusqu'en

Égypte, finit par s'établir au pays de Canaan, dans le voisinage de Guérar, puis d'Hébron : l'Éternel y renouvela son alliance avec lui et lui promit que le pays entier appartiendrait à ses descendants.

Son fils Isaac et son petit-fils Jacob continuèrent en effet d'y résider en paix. Jacob eut douze fils ; l'un d'eux, Joseph, devint odieux à ses frères à cause de la préférence que son père lui témoignait. Ils le vendirent à une caravane de marchands qui se rendaient en Égypte, et persuadèrent à leur père qu'une bête fauve avait dévoré son enfant bien-aimé. Mais l'Éternel était avec Joseph et le faisait prospérer. Vendu à l'un des grands officiers de la couronne nommé Putiphar, il devint en peu de temps l'intendant de son maître, puis le premier ministre de pharaon. Une année que ses frères, poussés par la famine, étaient venus acheter du blé en Égypte, il se découvrit à eux et les mena devant le roi. Alors pharaon lui dit : « Dis à tes frères : « Faites ceci, chargez vos « bêtes, et partez pour vous en retourner au pays de « Canaan ; prenez votre père et vos familles et revenez « vers moi ; je vous donnerai du meilleur du pays « d'Égypte, et vous mangerez la graisse de la terre. » Israël partit donc avec tout ce qui lui appartenait, « et les enfants d'Israël mirent Jacob, leur père, et « leurs petits enfants et leurs femmes, sur les cha- « riots que pharaon avait envoyés pour les porter. « Ils amenèrent aussi leur bétail et leur bien qu'ils « avaient acquis au pays de Canaan, et Jacob et toute « sa famille avec lui vinrent en Égypte. » Ils s'établirent entre la branche sébennytique du Nil et le désert, au pays de Gessen, où ils multiplièrent outre mesure[1] : les enfants de Jacob et de Joseph devinrent la tige des douze tribus entre lesquelles le peuple se partagea, Juda, Siméon, Benjamin, Dan, Éphraïm, Manassé, Issachar, Aser, Nephtali, Zabulon, Ruben et Gad.

4. La sortie d'Égypte : Moïse. — Mais un nouveau roi se leva sur l'Égypte qui n'avait point connu Joseph, et le nombre des enfants d'Israël le remplit de crainte. Il les opprima, les surchargea de travaux, et ordonna qu'on tuerait tous les enfants mâles qui leur naîtraient. Une femme de la tribu de Lévi, après avoir tenu le sien caché pendant trois mois, l'exposa sur le Nil dans un berceau d'osier, à l'endroit où la fille de pharaon avait coutume de se baigner. La princesse eut pitié de la petite victime, l'appela Moïse, le sauvé des eaux, et l'éleva près d'elle dans toute la science de l'Égypte. Moïse avait déjà quarante ans, lorsqu'un jour il vit un Égyptien qui frappait un Hébreu : il le tua et s'enfuit au désert du Sinaï. Il y demeura quarante années en exil

Pharaon étant mort, Dieu apparut à Moïse dans un buisson ardent, et lui ordonna de retourner en Égypte pour délivrer son peuple d'esclavage. Il se rendit donc auprès du roi, avec son frère Aaron, et demanda pour les Hébreux l'autorisation d'aller sacrifier dans le désert. Il ne l'obtint qu'après avoir déchaîné dix plaies sur la vallée du Nil et exterminé les premiers-nés de la nation. Poursuivis par pharaon, les Hébreux traversèrent à pied sec la mer Rouge, dont les eaux

---

[1]. Une tradition fort ancienne place l'arrivée des Hébreux en Égypte sous l'un des rois pasteurs nommé Apophis.

se séparèrent pour les laisser passer, et se refermèrent pour engloutir les Égyptiens. Alors Moïse et les enfants d'Israël chantèrent ce cantique à l'Éternel et dirent : « L'Éternel est ma force et ma louange, et « il a été mon sauveur, mon dieu fort; je lui dres- « serai un tabernacle, c'est le dieu de mon père, je « l'exalterai. L'Éternel est un vaillant guerrier et « son nom est l'Éternel. Il a jeté dans la mer les « chariots de pharaon et son armée, l'élite de ses « capitaines a été submergée dans la mer Rouge : les « gouffres les ont couverts, et ils sont descendus au « fond des eaux comme une pierre[1]. »

5. **Israël au désert : la Loi**. — Les enfants d'Israël, entraînés par Moïse dans le désert, y séjournèrent pendant quarante ans. Ils y souffrirent toutes les misères de la vie nomade, et ils regrettèrent souvent leur douce servitude d'Égypte : « Ah! disaient-ils à « Moïse et Aaron, que ne sommes-nous morts par la « main de l'Éternel dans le pays d'Égypte, quand « nous étions assis auprès des pots de chair, et que « nous mangions du pain à satiété! Car vous nous « avez amenés dans ce désert pour faire mourir de « faim tout ce peuple. » L'Éternel les apaisa en leur envoyant des vols de caille et en faisant pleuvoir régulièrement chaque matin, le septième jour excepté, « quelque chose de grenu, de menu, comme la gelée blanche sur la terre », la manne, « qui avait le goût d'un gâteau au miel ».

---

1. Une tradition ancienne reconnaît dans Ramsès II le pharaon de l'oppression, et dans le pharaon de l'Exode Ménephthah, fils de Ramsès II (cf. p. 32 et 33 de ce volume).

Arrivés au pied du Sinaï, trois mois après leur
sortie d'Egypte, l'Éternel leur y donna sa loi. « Et il
« arriva le troisième jour, quand le matin fut venu, il
« y eut des tonnerres et des éclairs, et une épaisse nuée
« sur la montagne, et un son comme de trompette très
« forte, et tout le peuple qui était dans le camp trem-
« bla. Et Moïse fit sortir le peuple par le camp à la
« rencontre de Dieu, et ils se tinrent au pied de la
« montagne. Et toute la montagne de Sinaï fumait,
« parce que l'Éternel descendit en feu sur elle, et sa
« fumée montait comme la fumée d'une fournaise, et
« toute la montagne tremblait fort. Et comme le son
« de la trompette se renforçait de plus en plus, Moïse
« parla et Dieu lui répondit par une voix. » Moïse
monta donc au sommet de la montagne et l'Éternel
lui remit ses dix commandements, son *Décalogue*,
écrit de sa propre main sur deux tables de pierre, les
Tables de la loi :

« Je suis l'Éternel, ton Dieu, qui t'ai fait sortir du
« pays d'Egypte, de la maison de servitude. — I. Tu
« n'auras pas d'autres dieux devant ma face. — II. Tu
« ne feras point d'images taillées, ni aucune ressem-
« blance de ce qui est dans les cieux en haut, et de
« ce qui est sur la terre en bas, et de ce qui est dans
« les eaux au-dessous de la terre. Tu ne t'inclineras
« pas devant elles, et tu ne les serviras pas, car moi,
« l'Éternel, je suis un Dieu jaloux.... — III. Tu ne
« prendras point le nom de l'Éternel, ton dieu, en
« vain.... — IV. Souviens-toi du jour du sabbat, pour
« le sanctifier. Six jours tu travailleras, et tu feras
« toute ton œuvre ; mais le septième jour est le sab-

« bat de l'Éternel, ton Dieu, tu ne feras aucune
« œuvre ni toi, ni ton fils, ni ta fille, ni ton serviteur,
« ni la servante, ni ta bête, ni ton étranger qui est
« dans les portes.... — V. Honore ton père et ta
« mère, afin que tes jours soient prolongés sur la
« terre que l'Éternel, ton Dieu, te donne. — VI. Tu
« ne tueras point. — VII. Tu ne commettras point
« adultère. — VIII. Tu ne déroberas point. — IX. Tu
« ne diras pas de faux témoignage contre ton pro-
« chain. — X. Tu ne convoiteras pas la maison de
« ton prochain, ni son serviteur, ni sa servante, ni
« son bœuf, ni son âne, ni rien qui soit à ton pro-
« chain. »

6. Israël à l'est du Jourdain : mort de Moïse. —
Moïse de retour au camp trouva les Israélites en
adoration devant une idole : ils avaient forcé Aaron à
leur fabriquer avec les bijoux de leurs femmes un
Veau d'or, auxquels ils offrirent un sacrifice. Moïse
détruisit le *Veau d'or* et lava dans le sang l'injure
faite à Dieu; puis Israël séjourna quarante ans dans
le désert. Il en sortit et conquit tout le pays à l'est
du Jourdain, où il établit trois de ses tribus, Ruben,
Gad et Manassé; mais Moïse, qui l'avait conduit jusqu'alors, n'était pas destiné à pénétrer avec lui dans
la terre promise.

Il monta des plaines de Moab sur le mont Nébo,
le sommet du « Pisga, qui est vis-à-vis de Jéricho, et
« l'Éternel lui fit voir tout le pays : Galaad jusqu'à
« Dan et tout Nephtali, et le pays d'Éphraïm et de
« Manassé, et tout le pays de Juda jusqu'à la mer
« d'Occident, et le midi, et la plaine du Jourdain et

« la vallée de Jéricho, la ville des palmiers, jusqu'à
« Zoar. Et l'Éternel lui dit : « C'est ici le pays au sujet
« duquel j'ai juré à Abraham, à Isaac et à Jacob
« disant : « Je le donnerai à ta semence, je te l'ai fait
« voir de tes yeux, mais tu n'y passeras pas. » Et
« Moïse, serviteur de l'Éternel, mourut dans le
« pays de Moab, selon la parole de l'Éternel. Et il
« l'enterra dans la vallée, dans le pays de Moab,
« vis-à-vis de Beth-Péor, et personne ne connaît
« son sépulcre, jusqu'à aujourd'hui. »

RÉSUMÉ

1. Les livres sacrés des Hébreux nous racontent comment Dieu créa le monde et l'homme en six jours, puis se reposa le septième. Il donna au premier homme, Adam, la première femme, Ève, pour compagne, et les plaça dans un jardin délicieux, d'où ils furent chassés pour avoir goûté au fruit défendu de l'arbre de la science du bien et du mal.

2. La race d'Adam et d'Ève crût et prospéra, mais elle devint si méchante que Dieu résolut de la détruire par le Déluge. Noé seul échappa à la ruine avec sa famille et repeupla la terre.

3. Longtemps après, Dieu fit un pacte avec Abraham et lui promit de considérer ses descendants comme un peuple d'élection. Abraham quitta Charran, sa patrie, et vint s'établir en Canaan, dans le voisinage d'Hébron. Son petit-fils Jacob eut douze fils; l'un d'eux, Joseph, ayant été vendu par ses frères et emmené en Égypte, y devint, par la faveur de Dieu, le ministre de pharaon. Il profita

de la faveur dont il jouissait pour appeler sa famille aux bords du Nil et l'établit dans la terre de Gessen.

4. Les descendants de Jacob s'étant multipliés, un pharaon qui n'avait pas connu Joseph les persécuta. Moïse les délivra et les emmena d'Égypte : la mer Rouge s'ouvrit pour les laisser passer à pied sec, et se referma sur l'armée qui les poursuivait.

5. Les Israélites vécurent de la manne que leur envoya le Seigneur. Moïse alla chercher la loi au sommet du Sinaï, en présence même de Jahvéh, et la leur apporta sur dix Tables de pierre.

6. Après être restés quarante ans au désert, ils en sortirent et conquirent les pays situés à l'est du Jourdain. Moïse ne pénétra pas dans la terre promise : il la vit du mont Nébo et mourut.

CHAPITRE XVIII

1. Conquête de la Palestine par les Hébreux. — La
conquête de la Palestine fut commencée par Josué. La
Bible nous montre le peuple entier traversant le
Jourdain à pied sec, comme jadis il avait traversé la
mer Rouge, les murs de Jéricho s'écroulant aux fan-
fares des trompettes sacrées, le soleil s'arrêtant sur
Gabaon pour donner à Josué le temps d'achever la
défaite des Amorrhéens, le partage du pays entre les
douze tribus des Enfants d'Israël.

La conquête se fit et s'acheva lentement. Les
Hébreux se heurtèrent en Syrie à des nations beaucoup plus civilisées qu'ils ne l'étaient eux-mêmes, et
pourvues de moyens de résistance efficace. Les villes
murées et les chars de fer, qui avaient bravé pendant
des siècles les soldats exercés de pharaon, n'avaient
pas grand'chose à craindre des bandes d'Israélites mal
armés qui rôdaient autour d'elles. Plusieurs, harassées

par des alertes continuelles, préférèrent composer avec les envahisseurs et leur céder une partie de leur territoire; d'autres leur ouvrirent les portes de bonne grâce et s'allièrent avec eux par des mariages. Les cantons montagneux furent soumis et occupés peu à peu, mais la plaine et les places fortes cananéennes conservèrent presque partout leur autonomie, Beth-Anat, Mageddo, Taanak, Sichem, au nord, Jébus, Gabaon, Guézer, Ascalon vers le sud. Faute d'avoir su comment s'en emparer, Israël se trouva coupé en quatre tronçons d'inégale importance et que rien ne reliait entre eux : Gad, Ruben, et Manassé au delà du Jourdain, Éphraïm et la maison de Joseph au centre, dans le massif qui sépare la vallée du Jourdain de la côte, au sud Juda et Siméon, au nord Issachar, Aser, Nephtali et Zabulon.

2. Les juges. — Divisés, mal armés, les Enfants d'Israël étaient une proie aisée pour les nations environnantes, Amorrhéens, Ammonites, Moabites, Philistins. De temps en temps un héros paraissait parmi eux, un *juge*, qui délivrait les siens de l'oppression et leur assurait la tranquillité pour un temps. Quand les Amorrhéens eurent réduit au désespoir les tribus du nord, la prophétesse Déborah souleva contre eux Éphraïm, Benjamin, Issachar, Nephtali et Zabulon. Éhoud, le Benjaminite, alla tuer Églon roi des Moabites jusque dans son palais. Mais les Moabites repoussés, Madian était entré en lice et ses incursions, répétées d'années en années, avaient ruiné Éphraïm. Le sentiment de leur impuissance poussa les clans dont se composait cette tribu à se donner un chef unique, un roi. Le premier qui paraît avoir porté ce titre en Israël fut un homme de Manassé, Jéroubbaal, qu'on appelait aussi Gédéon : après avoir chassé les Madianites, il prit résidence à Ophra et y exerça le pouvoir jusqu'à sa mort. Son fils Abimélek lui succéda, mais ses exactions et son humeur farouche soulevèrent contre lui Sichem et les cités voisines : il fut tué d'un coup de pierre à l'assaut de Tébez, et sa mort mit fin à ce premier essai de royauté éphraïmite.

Après lui, un chef de brigands, Jephté, affranchit des Ammonites le pays de Galaad; mais il ne préserva pas contre les incursions des Philistins les tribus établies à l'ouest du Jourdain, Juda, Éphraïm, Benjamin. Il y avait à Shiloh, en Éphraïm, une famille sacerdotale vouée à la garde de l'arche de Jahvèh, le dieu d'Israël : son chef, Éli, jouissait d'une grande influence sur tout le peuple et était consulté dans les affaires publiques. Les Hébreux, serrés de près par les Philistins, lui demandèrent l'arche, qui devait leur assurer la victoire, mais leur espoir fut déçu dès la première rencontre : ils furent vaincus, l'arche prise et les deux fils d'Éli tués dans la débâcle.

« Cependant un Benjaminite se sauva du champ
« de bataille et vint ce jour-là même à Shiloh, les
« habits déchirés et de la poussière sur la tête. Et
« quand il arriva, voici, Éli était assis sur son siège,
« à côté du chemin, plein d'attente, car son cœur
« souffrait au sujet de l'arche de Jahvèh. Et quand
« cet homme vint publier sa nouvelle par la ville,
« toute la ville éclata en lamentations. Et Éli ayant
« entendu ces cris dit : « Qu'est-ce que ce tumulte? »

« Et aussitôt cet homme vint apporter la nouvelle à
« Éli. Or Éli était âgé de quatre-vingt-dix-huit ans, et
« ses yeux étaient fixes, de sorte qu'il ne pouvait voir.
« Et cet homme dit à Éli : « Je suis celui qui est venu
« du champ de bataille et je me suis sauvé du champ
« de bataille aujourd'hui même. » Éli lui dit : « Com-
« ment l'affaire s'est-elle passée, mon fils? » Et le
« messager reprit et dit : « Israël a fui devant les
« Philistins et il y a eu grand'déroute parmi la troupe
« et tes deux fils ont péri aussi, et l'arche de Jahvèh
« a été prise. » Et quand il fit mention de l'arche de
« Jahvèh, Éli tomba de son siège à la renverse, à côté
« de la porte, et se rompit la nuque et mourut : car
« c'était un homme vieux et pesant. »

3. Samuel et Saül. — La domination des Philistins dura probablement un demi-siècle. « Il n'y avait
« plus de forgeron dans tout Israël, car les Philistins
« avaient dit : « Il faut empêcher que les Hébreux ne
« fabriquent des épées et des piques. » C'est pourquoi
« tout Israël descendait vers les Philistins, chacun
« pour aiguiser son soc, son coutre, sa cognée, et
« son hoyau, lorsque leurs hoyaux, leurs coutres, et
« leurs fourches à trois dents et leurs cognées avaient
« la pointe gâtée, même pour raccommoder un aiguil-
« lon. » L'invasion des Ammonites avait déterminé la
création du royaume éphémère de Gédéon et d'Abimélek. La tyrannie philistine contraignit de nouveau
Israël à chercher le remède à ses maux dans l'union
de ses forces entre les mains d'un seul homme. Saül,
de la tribu de Benjamin, surprit un poste de Philistins à Gibéa, délivra ses compatriotes et fut re-

connu roi en Israël, par l'influence du prophète Samuel. La royauté éphraïmite s'exerçait sur deux ou trois clans à peine : la royauté benjaminite embrassa la nation entière (vers 1015).

Saül tint en respect Moab, Ammon, Édom, les rois de Soba, les Philistins, les Amalécites; mais son autorité à peine établie souleva une opposition violente surtout au sud, dans Juda. Au nombre des aventuriers qui étaient venus de cette tribu se rallier à lui on comptait David, fils d'Isaï, né à Bethléhem. Protégé par Saül et par son fils Jonathan, ses exploits dans une guerre contre les Philistins le désignèrent à l'attention du peuple : « Saül a frappé ses mille », chantaient les femmes devant lui, « mais David ses dix « mille ». Le roi, jaloux, essaya de faire périr ce rival qui s'annonçait : David, sauvé à grand'peine par Jonathan et par le prêtre Akhimélek, se réfugia auprès d'Akhis, roi de Gath, reçut de lui la ville de Ziklag, et mena plusieurs années durant la vie d'un chef de brigands sur la frontière de Juda. Les Philistins, assurés de son aide ou du moins de sa neutralité, reprirent leurs projets sur Éphraïm. Saül, qui attendait leur armée dans la plaine de Jezrèel, au pied des monts de Gelboé, fut vaincu, tué ainsi que Jonathan; les vainqueurs coupèrent la tête du cadavre et pendirent le tronc à la muraille de Bethshéan, où les habitants de Jabbesh au pays de Galaad vinrent l'enlever pour lui rendre les derniers honneurs (vers 999). Israël retomba tout entier sous la domination des Philistins.

4. **David (999-959)**. — La nouvelle du désastre pro-

duisit un schisme parmi les Hébreux. Tandis qu'Éphraïm et le pays de Galaad se rangeaient sous les ordres d'Ishbaal, fils de Saül, Juda et les clans voisins acclamaient David, à Hébron. La rivalité des deux princes dura sept ans. Elle se termina par l'assassinat d'Ishbaal et l'avènement de David comme roi de tout Israël. Un assaut vigoureux fit tomber la ville de Jébus entre ses mains : en changeant de possesseur elle changea de nom et devint Jérusalem. David la fortifia et la choisit pour capitale. Elle couronnait une éminence entourée à l'est, au sud, à l'ouest, par le lit du Cédron et par la gorge d'Hinnom, bornée au nord par une légère dépression du sol. Assise au croisement des routes qui mènent de Joppé au Jourdain, du désert d'Égypte en Syrie, elle commandait la majeure partie du territoire habité par les Hébreux.

De son château royal, adossé à Juda, David pouvait descendre par Jéricho sur la vallée du Jourdain et fondre de là sur Galaad, ou se précipiter par Béthoron sur la plaine maritime et remonter vers la Galilée. Il détruisit par des victoires répétées la puissance militaire des Philistins, battit Moab, les princes de Syrie, les Iduméens, les Ammonites ; en quelques années son autorité s'étendit de l'Oronte aux rives de la mer Rouge. Ce fut un véritable empire oriental, bâti sur le même modèle que ceux de l'Égypte et de l'Assyrie, mais moins vaste et moins durable. Les Hébreux n'étaient pas un peuple militaire. Ils pouvaient bien se laisser entraîner par un chef audacieux et produire un effort momentané, mais bientôt le naturel reprenait le dessus : ils retournaient à leurs travaux d'agriculteurs et de nomades, à leurs petites querelles de tribu à tribu.

Les dernières années de David furent troublées par des révoltes et par des conspirations de harem. Son fils préféré Absalom le chassa un moment de Jérusalem et ne fut battu qu'à grand'peine. Après mille intrigues, sa femme Bethsabée le décida à proclamer son jeune enfant Salomon roi de Jérusalem et à lui remettre le pouvoir. Il ne survécut guère à cette abdication et mourut à l'âge de soixante et onze ans, dans la quarante et unième année de son règne (vers 959).

5. Salomon (959-929); le temple de Jérusalem. — Salomon n'avait pas le tempérament belliqueux : il ne réussit pas à conserver intact le domaine que son père avait eu tant de peine à conquérir, et perdit l'Idumée et la suzeraineté sur la Syrie. Il fut du moins un administrateur habile, fortifia Mageddo, Hazor, Béthoron, agrandit Jérusalem, établit un régime régulier d'impôts sur les Hébreux comme sur les Cananéens, noua des relations commerciales avec la Phénicie, l'Égypte, les Hittites, entreprit même, à l'aide des matelots tyriens, des expéditions maritimes qui allèrent, par la mer Rouge, chercher sur les côtes de l'Arabie méridionale l'or du pays d'Ophir. Ces entreprises lointaines lui valurent plus tard un renom de sagesse et de puissance qui dure encore parmi nous. « Il prononça trois mille proverbes et composa mille et cinq cantiques, et il traita de tous les arbres, depuis le cèdre qui est au Liban jusqu'à l'hysope qui sort des murailles, et il parla des quadrupèdes, des oiseaux, des reptiles et des poissons. » Il était en correspondance réglée avec tous les souverains de l'univers, et la reine de Saba vint au fond de l'Arabie pour lui rendre hommage. Mieux encore, il bâtit à Jérusalem le temple de Jahvéh que David avait seulement projeté.

Le temple avait la façade tournée vers l'orient : il était large de vingt coudées, long de soixante et haut de trente. Les murs étaient en gros blocs de pierre, les boiseries en cèdre du Liban sculpté et doré : pour y entrer, on passait sous un portique et entre deux colonnes de bronze ciselé qu'on nommait Yakîn et Boaz. L'intérieur ne comprenait que deux chambres : le lieu saint qui renfermait l'autel des parfums, les chandeliers à sept branches, et la table des pains de proposition; le Saint des Saints, où l'arche de Jahvéh reposait sous l'aile de deux chérubins en bois doré, et où le grand prêtre seul avait le droit de pénétrer une fois l'an. Sur les parvis, et vis-à-vis de l'entrée, étaient dispersés le grand autel des holocaustes, la *mer de bronze*, et les deux bassins de moindre taille, où on lavait les différentes pièces des victimes, les chaudières, les couteaux, les pelles, tous les ustensiles nécessaires au sacrifice sanglant. Un mur bas, couronné d'une balustrade en bois de cèdre, séparait cette cour vénérable d'une autre cour où le peuple avait accès en tout temps.

L'an xii de son règne, Salomon dédia lui-même le temple : il y transporta l'arche de Jahvéh et offrit les sacrifices au milieu de la joie et de l'admiration universelles. L'inexpérience des Hébreux en matière d'architecture leur fit considérer l'œuvre de Salomon comme un modèle unique : en fait, elle était aux édifices grandioses de l'Égypte et de la Chaldée ce que leur royaume était aux autres empires du monde antique, un petit temple pour un petit peuple.

RÉSUMÉ

1. La conquête de la Palestine fut commencée par Josué. Elle fut très incomplète. Les douze tribus furent séparées en trois groupes par les villes cananéennes qu'ils ne surent comment prendre.

2. Leurs divisions les livrèrent sans défense aux peuples voisins, Amorrhéens, Ammonites, Moabites, Philistins. De temps en temps un *juge* se levait parmi eux et les délivrait. Un moment même Gédéon et son fils Abimélek exercèrent la royauté sur Manassé et Éphraïm. Vers le milieu du XIᵉ siècle, les Philistins soumirent presque toutes les tribus situées à l'ouest du Jourdain.

3. Ils furent vaincus une première fois par Saül le Benjaminite, que le peuple prit pour roi. Mais ils revinrent à la charge, le battirent et le tuèrent au pied des monts de Gelboé.

4. David de Juda (999-959) lui succéda. Après avoir réuni les douze tribus sous ses lois, il s'empara de Jérusalem, et en fit sa capitale. Il détruisit par des victoires répétées la puissance des Philistins, soumit Moab, Ammon, l'Idumée, la Syrie d'Hamath et de Damas, et fonda un petit empire militaire. Ses dernières années furent troublées par la révolte de son fils Absalom.

5. Son plus jeune fils, Salomon (959-929), fut un roi fastueux et pacifique. Il envoya ses flottes en Ophir, noua un commerce suivi avec l'Égypte et les peuples de la Syrie septentrionale. La fondation du temple de Jérusalem fut son principal titre à l'admiration des Hébreux.

CHAPITRE XIX

LE SCHISME DES DIX TRIBUS — DESTRUCTION DES DEUX ROYAUMES

1. Le schisme des dix tribus. — 2. Prépondérance d'Israël. — 3. Guerres avec les rois de Damas. — 4. Chute du royaume d'Israël. — 5. Ézéchias de Juda : le prophète Isaïe. — 6. Josias. — 7. Destruction du royaume de Juda.

1. Le schisme des dix tribus. — La suprématie politique et religieuse que les établissements de David et de Salomon assuraient à Juda souleva contre lui la jalousie des autres tribus : Éphraïm surtout ne voyait pas sans rancune l'autorité échapper de ses mains. Dès que Salomon fut mort (929), le mécontentement général se donna libre carrière. Son fils Roboam lui succéda sans opposition à Jérusalem ; mais les chefs des tribus du centre et du nord, réunis à Sichem, ne consentirent à le reconnaître pour roi que s'il les délivrait des charges dont Salomon les avait accablés. Il s'y refusa en termes menaçants : « Mon « père, leur dit-il, avait mis sur vous un joug pesant, « et moi je rendrai votre joug plus pesant encore ; « mon père vous a châtiés avec des verges, moi je « vous châtierai avec des fouets garnis de pointes. »

Toutes les tribus du nord et de l'est, les peuples tributaires, Philistins, Moabites, Ammonites, se déclarèrent pour Éphraïm et proclamèrent Jéroboam roi d'Israël. Juda n'accepta point la décision des chefs assemblés à Sichem et se sépara du reste de la nation. Aucune tribu ne le suivit dans son isolement : mais le territoire occupé par les débris de Siméon, quelques bourgades de Dan et de Benjamin, trop rapprochées de Jérusalem pour échapper à l'attraction de la grande ville, restèrent aux mains de Roboam. L'invasion de Sheshonq en Palestine quatre années plus tard (925) et le pillage de Jérusalem achevèrent de ruiner le prestige que la maison de David pouvait conserver encore : le domaine des Hébreux resta désormais divisé en deux États indépendants, le royaume d'Israël et celui de Juda.

2. Prépondérance d'Israël. — Israël était de beaucoup le plus riche et le plus peuplé, mais il fut toujours en proie à des dissensions intestines qui usèrent ses forces sans profit. Tandis que Juda végétait sous l'autorité des descendants de Roboam, aucune dynastie ne réussissait à s'implanter solidement en Israël. Celle de Jéroboam s'éteignit bientôt (906) : Baesha, qui vint ensuite, se maintint quelques années, mais son fils Éla fut assassiné par Zimri. Zimri fut renversé au bout de sept jours par Omri, et Omri lui-même trouva un rival dans Thibni, fils de Ginath : la guerre civile dura quatre ans entre les deux partis et laissa aux mains d'Omri un royaume épuisé (vers 890).

Jusqu'alors Israël n'avait pas eu de capitale fixe:

Omri bâtit sa ville royale sur un terrain situé un peu au nord-ouest de Sichem, et lui donna le nom de Samarie. Samarie était assise sur la croupe d'une colline arrondie, dressée au milieu d'une sorte de bassin large et profond, et reliée à peine aux hauteurs environnantes par une langue de terre étroite et basse. La vallée est fertile et abondamment pourvue d'eau, les montagnes sont cultivées presque jusqu'au sommet : il aurait été difficile de trouver ailleurs en Palestine un site comparable à celui-là en force et en beauté. Aussi Samarie devint-elle rapidement pour le royaume d'Israël ce que Jérusalem était pour celui de Juda, un centre de résistance, autour duquel la nation se rallia au moindre danger.

3. **Guerres avec les rois de Damas.** — Une ville surtout, Damas, avait profité de l'abaissement des Hébreux. Damas, abritée derrière l'Antiliban, en dehors de la route qui mène de l'Égypte aux bords de l'Euphrate, avait échappé presque sans dommage à la conquête égyptienne : elle avait, dit-on, payé tribut à David et à Salomon, mais ses rois avaient repris bientôt leur indépendance et avaient conquis Hamath, la Cœlé-Syrie, les cantons du désert qui confinent à l'Euphrate. Le long règne de Benhadad Ier ne fut qu'une lutte incessante contre Israël : il enleva le pays de Galaad à Baesha, imposa une paix honteuse à Omri, menaça Jérusalem et étendit au nord sa suzeraineté jusqu'au voisinage de Karkémish.

Omri, trop faible pour lui résister, chercha un allié au dehors et crut l'avoir trouvé en obtenant, pour son fils Achab, la main de Jézabel, fille d'Ithobaal, roi de

Tyr. Achab réussit en effet à se délivrer des rois de Damas ; il battit deux fois Benhadad II et lui reprit tout le territoire perdu pendant les règnes précédents. Mais la passion avec laquelle Jézabel pratiquait le culte des dieux de son pays et protégeait les prêtres de Baal, souleva contre son mari la colère des prophètes hébreux. Élie d'abord, puis son disciple Élisée se déclarèrent contre la maison d'Omri et travaillèrent ouvertement à la détruire. Ils s'opposèrent à l'alliance que Josaphat, roi de Juda, voulait contracter avec Achab contre l'ennemi commun, et, quand cette alliance fut conclue, ils annoncèrent qu'elle n'aurait que des résultats funestes pour les deux royaumes. Achab fut tué en effet à la bataille de Ramoth-Galaad (853), son fils Joram fut assassiné par un de ses généraux, Jéhu, avec soixante-dix princes de sa famille, avec son cousin Ochosias, roi de Juda, et avec sa mère Jézabel (843). L'assassin fut proclamé roi par ordre d'Élisée, et une nouvelle dynastie s'établit sur Israël.

4. **Chute du royaume d'Israël.** — Le contre-coup de cette révolution se fit sentir à Jérusalem d'une façon imprévue. Athalie, fille de Jézabel et mère d'Ochosias, voyant la maison royale à peu près détruite, extermina ce qui subsistait des descendants de Josaphat : un seul enfant, Joas, échappa par les soins du grand prêtre. Elle s'entoura d'une garde phénicienne, pratiqua ouvertement la religion de Baal, et ne fut renversée, au bout de six ans, que pour être remplacée par le jeune Joas (vers 837).

Israël se releva bientôt. Jéhu, meilleur assassin

que général, n'avait pu résister à Khazaël, roi de Damas; son fils Joakhaz fut sans cesse battu par Benhadad III, mais son petit-fils Joas reprit le dessus. Il vainquit près d'Aphek Benhadad III, affaibli par de longues luttes contre l'Assyrie, prit Jérusalem et imposa sa suzeraineté à Amasias de Juda. Son successeur Jéroboam II (778-746) acheva ce qu'il avait à peine eu le temps d'ébaucher, réunit toutes les tribus sous sa domination au moins pendant les quinze premières années de son règne, et courba sous son autorité quelques-unes des nations voisines. Il reconquit, dit-on, au nord et à l'est, les territoires que David et Salomon avaient possédés, Moab et Ammon, la Cœlé-Syrie, Hamath elle-même. Après les longues années de misère durant lesquelles « les « Syriens avaient déchiré Galaad avec des herses de « fer », son règne apparut comme une époque de paix et de sécurité : le commerce avec la Syrie et l'Egypte refleurit, et « les Enfants d'Israël habitèrent de nou- « veau sous les tentes, comme aux jours du passé ! » Ce furent quarante années de paix et de gloire, les dernières du royaume de Samarie. Six mois après la mort de Jéroboam, son fils Zacharie fut assassiné par Shalloum, et la maison de Jéhu cessa de régner. Shalloum lui-même fut tué au bout de trois mois et remplacé par Ménakhem (vers 745).

Le châtiment ne se fit pas attendre. Tiglathphalasar III parut en Syrie : une première fois, il dépouilla Ménakhem de ses trésors (739); une seconde fois, il enleva à Pékakh le pays de Galaad, la Galilée, en transporta les habitants en Assyrie, et imposa un tribut (fig. 26) à ce qui restait d'Israël (734). Dix ans plus tard (723), Osée, successeur de Pékakh, ayant traité secrètement avec Sabacon, roi d'Égypte, contre l'Assyrie, fut emprisonné par Salmanasar V, fils de Tiglathphalasar. L'armée assyrienne entra sur le territoire d'Ephraïm et assiégea Samarie pour la dernière fois. La population se défendit bravement et ne succomba qu'après trois années de siège sous les coups

Fig. 26. — Hébreux apportant le tribut à un roi d'Assyrie.

de Sargon (721). Elle fut emmenée captive et remplacée par des prisonniers chaldéens : un gouverneur assyrien s'installa dans le palais des rois d'Israël, et les temples des dieux païens se dressèrent à l'endroit où s'étaient élevés les autels de Jahvéh. Une partie du peuple des campagnes ne put supporter la domination étrangère et s'exila : les uns s'arrêtèrent en Judée, les autres s'enfuirent jusqu'en Égypte.

5. Ézéchias de Juda : le prophète Isaïe. — Israël tombé, Juda restait le seul boulevard de la nation

hébraïque. Cantonnés dans un petit territoire, forte
ment retranchés derrière les murs de Jérusalem, ses
rois avaient consumé leur vie dans des luttes obscures
contre les Iduméens ou leurs voisins de Samarie :
parfois vainqueurs, parfois vaincus, ils avaient réussi
à se maintenir indépendants, et à se transmettre de
père en fils l'étroit domaine qu'ils avaient hérité de
Roboam. Quelques-uns d'entre eux, Josaphat, Amasias, Ochosias, avaient montré des talents et déployé
de l'activité : le dernier avait soumis les Iduméens et
poussé jusqu'à la mer Rouge.

Celui qui tenait le pouvoir au moment de la chute
de Samarie, Ézéchias (714-681), avait toutes les qualités d'un grand prince. Pénétré dès sa jeunesse d'une
piété ardente, il avait choisi pour conseiller Isaïe, le
plus célèbre des prophètes hébreux. Isaïe voyait dans
la chute de Samarie la peine de l'infidélité d'Israël à
Jahvéh, le dieu national : l'Assyrie, qui avait accompli
le châtiment, était l'instrument de Dieu, contre lequel
on ne pouvait résister victorieusement par des moyens
humains. Aussi Isaïe était-il opposé à ceux des conseillers royaux qui recommandaient une alliance de
Juda avec l'Égypte, avec la Chaldée, avec les peuples
ennemis de Ninive. Il réussit à empêcher Ézéchias de
les écouter tout le temps que Sargon vécut ; mais ils
l'emportèrent quand Sargon eut péri (704) et décidèrent
le roi à entrer dans la vaste conspiration qui se trama
contre Sennachérib, dans les premiers jours qui suivirent son avènement. Sennachérib triompha aisément des conjurés, prit Lakish, pilla Juda et se préparait à bloquer Jérusalem, quand son armée périt

d'une façon mystérieuse (701) : « Un ange du Seigneur
« sortit la nuit et frappa dans le camp des Assyriens
« cent quatre-vingt-cinq mille hommes, et quand on
« se leva le matin, voici c'étaient tous des corps
« morts. »

Ézéchias recouvra rapidement ce qu'il avait perdu
et sa renommée se répandit par tout l'Orient : Méro-
dach-Baladan, roi de Babylone, rechercha même son
alliance contre l'Assyrie. Les dernières années de son
règne s'écoulèrent dans la paix et dans la prospérité.

6. Josias. — L'histoire de Juda n'est plus guère,
après lui, que l'histoire de la lutte entre les prophètes
qui cherchaient à purifier le culte national, et la
masse de la population qui y mêlait des pratiques
païennes ou adorait les dieux cananéens en même
temps que Jahvéh. Les ennemis des prophètes dominèrent pendant près de soixante ans, sous Manassé,
sous Amon, et pendant les premiers temps de Josias
(638-608).

Mais Josias, arrivant à sa majorité se prononça
pour les prophètes ; dans la dix-huitième année de son
règne (623), il ordonna la réforme complète des cultes.
Les dieux étrangers furent détruits, les prêtres de
Baal égorgés sur leurs propres autels. Quand tout fut
fini, on célébra la Pâque « en la manière qu'il est
« prescrit au Livre de l'Alliance. Et certes jamais
« Pâque ne fut célébrée, ni au temps des Juges qui
« avaient jugé en Israël, ni au temps des rois d'Israël
« et des rois de Juda, comme cette Pâque qui fut
« célébrée en l'honneur de Jahvéh, dans Jérusalem,
« la dix-huitième année du roi Josias. » La piété de

ce prince ne le préserva pas d'une fin tragique. Depuis la mort d'Ézéchias, Juda avait été le vassal soumis de l'Assyrie, mais l'Assyrie, battue à son tour, agonisait, et Néchao venait de quitter l'Égypte pour lui reprendre les provinces de Syrie qu'elle détenait depuis plus d'un siècle. Josias voulut défendre son souverain, et s'opposa à la marche des Égyptiens : il fut battu et tué à Mageddo (608).

7. Destruction du royaume de Juda. — Trois de ses fils lui succédèrent rapidement. Joakhaz régna trois mois, et fut remplacé, sur l'ordre de Néchao, par son frère aîné Éliakim qui prit le nom de Joïakim (608-598). Le brusque effondrement de la puissance égyptienne, après la bataille de Karkémish (605), l'avènement non moins brusque de la domination chaldéenne, avaient ébranlé dans l'esprit du peuple la croyance à l'efficacité des paroles de Jahvéh. Le culte national reprit ses allures païennes, celui des divinités étrangères fut pratiqué avec plus de ferveur que jamais, et les conseillers royaux cherchèrent à l'étranger, surtout en Égypte, un appui contre Babylone.

C'est en vain que le prophète Jérémie tenta de ramener Joïakim aux idées qui avaient prévalu sous Ezéchias et sous Josias : il ne put empêcher son prince de se compromettre avec Néchao. Nabuchodorosor envoya ses généraux contre Jérusalem : Joïakim mourut pendant le siège (598) et fut remplacé par son fils Joïakim. Trois mois après, la ville fut obligée de se rendre et le Chaldéen mit sur le trône le dernier fils de Josias, qui prit le nom de Sédécias (598-587). Celui-ci ne résista pas plus que ses frères aux conseils du

parti hostile aux prophètes : il conspira avec l'Égypte
et finit par se révolter à l'instigation d'Apriès. La
patience de Nabuchodorosor était à bout : il enleva
Jérusalem de vive force, la fit démolir méthodique-
ment et envoya prisonniers en Chaldée le roi, les
soldats, les prêtres, les scribes, les gens de haute
classe (587). Une dernière révolte d'un chef de race
royale, Ismaël, fut promptement réprimée et entraîna
l'émigration en Égypte d'une partie du petit peuple
des campagnes (585). La captivité d'Israël dura cinquante ans et ne se termina qu'après la prise de
Babylone par Cyrus le Perse (538).

RÉSUMÉ

1. Salomon mort, les dix tribus du nord, mécontentes
de son fils Roboam, proclamèrent roi Jéroboam : Juda,
une partie de Siméon et de Benjamin restèrent seuls fidèles
à la maison de David. Il y eut désormais deux royaumes :
celui d'Israël et celui de Juda.

2. La race de Jéroboam ne réussit pas à s'implanter dans
Israël : la royauté tomba, après plusieurs révolutions san-
glantes, aux mains d'Omri, le fondateur de Samarie.

3. Omri et son fils Achab luttèrent à l'intérieur contre
les prophètes, au dehors contre les rois de Damas. Achab
fut battu et tué près de Ramoth-Galaad (853) et sa famille
exterminée bientôt après par Jéhu.

4. Israël reprit le dessus sous Joas. Jéroboam II lui assura quarante années de puissance militaire. Mais bientôt
après sa mort, Tiglathphalasar III transporta une partie
des habitants en Assyrie (734) : Sargon prit Samarie après
un assez long siège, et Israël cessa d'exister (721).

5. Juda, menacé à son tour, lutta d'abord avec succès, sous Ézéchias, grâce à la prudence du prophète Isaïe.

6. Il retomba dans la dépendance de l'Assyrie sous Manassé et Amon; Josias (638-608) réforma le culte, mais périt à Mageddo en voulant s'opposer à la marche de Néchao vers l'Euphrate.

7. Juda, serré entre l'Égypte et la Chaldée, était condamné à disparaître. Jérusalem, prise une première fois par Nabuchodorosor (598), se révolta et fut détruite en 587. La plus grande partie de la population fut déportée à Babylone et y demeura en captivité cinquante ans, jusqu'à l'édit de Cyrus (538).

CHAPITRE XX

DESCRIPTION DE LA PHÉNICIE : SIDON ET TYR
FONDATION DE CARTHAGE

1. Description de la Phénicie. — « La Phénicie ne « fut pas un pays : ce fut une série de ports avec une « banlieue assez étroite[1] », une bande de terrain resserrée entre le Liban et la mer, et dont la largeur moyenne n'excédait pas huit ou dix lieues. Sur les premiers versants des collines et dans les ravins, l'olivier, la vigne, le blé croissent à merveille. Les parties hautes de la montagne étaient revêtues jadis d'immenses forêts de chênes, de pins, de mélèzes, de cyprès, de sapins et de cèdres. Nulle grande rivière, mais des torrents impétueux, le Litany, le Nahr-el-Kelb (Lykos), le Nahr-el-Kébir, dont la plupart s'élancent presque d'un seul bond du Liban à la Méditerranée.

1. E. Renan, *Mission de Phénicie*, p. 836.

La tradition racontait que les Phéniciens étaient originaires des rives du golfe Persique : ils avaient été chassés de leur patrie par des tremblements de terre violents, et, après s'être reposés quelque temps au bord du grand lac d'Assyrie, sans doute la mer Morte, ils étaient venus s'établir sur la côte de la Méditerranée, vers le xxviii⁰ siècle avant J.-C. Leurs cités, séparées l'une de l'autre par un intervalle de dix ou douze lieues à peine, se combinèrent assez promptement en trois groupes indépendants, et dont chacun avait son caractère propre.

Vers le nord, les deux grandes villes d'Arad et de Simyra étaient habitées par une population turbulente et belliqueuse, toujours prête à batailler contre les voisins et à se révolter contre l'envahisseur étranger, Égyptien ou Assyrien. Arad s'élevait sur une petite île éloignée de terre d'environ trois kilomètres, et en face d'elle, sur une ligne de trois ou quatre lieues, s'allongeait comme une bordure continue de villes ou de villages, Marath, Karné, Antarados, « où s'épanouissait ce qui eût été trop à l'étroit dans l'île ». Gebel ou Gebôn, que les Grecs appelaient Byblos, était à la tête du second groupe. Le dieu El l'avait bâtie au commencement des âges, à quelques lieues dans l'intérieur des terres, près de la rive septentrionale du Nahr-el-Kelb : elle se transporta plus tard au bord de la mer, à côté du fleuve Adonis. Bérouth partageait avec elle la gloire d'avoir le dieu El pour fondateur : c'était un port bien abrité, situé à l'extrémité d'une des plaines les plus fertiles de la Phénicie. Il semble que Gebel et Bérouth jouèrent

un grand rôle politique pendant les temps qui suivirent l'arrivée des Phéniciens : elles ne surent pas
le soutenir longtemps, mais leur influence ne fut pas
affaiblie pour cela. Elles demeurèrent jusqu'aux derniers jours du paganisme le siège de l'une des plus
vivaces parmi les religions syriennes, la religion
d'Adonis.

2. Sidon et Tyr. — A quelques lieues au sud de Bé-

Fig. 27. — Le port de Tyr moderne.

routh trônait Sidon, « le premier-né de Canaan ».
Malgré ce titre ambitieux, elle n'était d'abord qu'un
simple village de pêcheurs, construit, disait la légende, par Bel, l'Agénor des Grecs, sur le penchant
septentrional d'un petit promontoire qui se projette
obliquement vers le sud-ouest. Le port, si célèbre
dans l'antiquité, est fermé par une chaîne basse de
rochers, qui part de l'extrémité nord de la péninsule
et court parallèlement au rivage sur une longueur
de quelques centaines de mètres. La plaine environ-

nante est arrosée par le « gracieux Bostrèn » (Nahr-el-Aoualy), et égayée de jardins dont la beauté avait valu à la ville le nom de Sidon la fleurie. Son territoire, borné au nord par le Tamour, allait au sud jusqu'à l'embouchure du Litany : au delà, le domaine des Tyriens commençait.

Dans les âges reculés du monde, quand les dieux vivaient au milieu des hommes, Samemroum traça sur le continent le plan d'une ville de roseaux, en face de laquelle son frère Hysôos, le premier marin, occupa quelques îlots où il dressa des colonnes sacrées : ce fut le commencement de Tyr (fig. 27). Vint ensuite Melkarth, l'Hercule Tyrien. Les prêtres de ce dieu affirmaient que « son temple avait été fondé en « même temps que la ville elle-même : or, ils habi- « taient la ville depuis deux mille trois cents ans », quand l'historien Hérodote les visita. Leur calcul nous permet de placer la fondation vers l'an 2750 avant notre ère. La Tyr insulaire n'avait, pour s'abreuver, que l'eau de citerne ou celle qu'on lui apportait en barque du continent. Elle possédait, tantôt sous la suzeraineté des Sidoniens, tantôt de façon indépendante, toute la côte depuis l'embouchure du Litany jusqu'au sud du Carmel.

3. Les commencements de la suprématie tyrienne. — Jamais, à aucune époque de leur histoire, ces villes dispersées le long de la mer ne se réunirent pour former une confédération ou un royaume capable de résister aux empiétements des grands peuples conquérants, Égyptiens, Assyriens, Chaldéens ou Perses. Les pharaons furent forcés de sévir rigoureusement à plusieurs reprises contre Arad et Simyra : Thoutmosis III eut fort à faire de les réduire à la raison. Les cités du centre et du sud, Gebel et Bérouth, Sidon et Tyr, acceptèrent le joug presque sans combat, et se montrèrent fidèles à leurs maîtres étrangers jusqu'après le règne de Ramsès II. C'était d'une sage politique : grâce à leur soumission, elles gagnèrent presque entièrement le monopole du commerce de l'Égypte avec les peuples de l'Asie et de la Méditerranée. Elles recouvrèrent leur indépendance vers le milieu du XIIe siècle avant notre ère, quand les Ramessides de la XXe dynastie renoncèrent aux entreprises lointaines et se renfermèrent dans la vallée du Nil.

Tyr et Sidon formaient alors chacune un petit État dont les richesses excitaient la cupidité des peuples voisins. Elles la bravèrent quelque temps, à l'abri de leurs murailles, mais dans les dernières années du XIIe siècle (vers 1210), une flotte philistine, partie d'Ascalon, détruisit l'escadre sidonienne et prit Sidon : ceux des habitants qui échappèrent au désastre se réfugièrent à Tyr, et Tyr devint du coup l'État le plus puissant de la Phénicie. D'abord gouvernée par deux suffètes, elle se donna un roi, Abibaal, à peu près dans le même temps que les Hébreux acclamaient David.

Hiram Ier (980-946), fils d'Abibaal, entretint avec David et Salomon des relations qui lui furent des plus profitables. Il fournit aux souverains hébreux les ouvriers qui leur manquaient, et leur vendit les métaux, les bois, les matériaux nécessaires à la construction du temple et des palais de Jérusalem. Assuré de leur amitié, il put se livrer tout entier aux entreprises maritimes et son règne fut le plus prospère que nous connaissions dans l'histoire de Tyr.

4. Révolutions de Tyr. — Tyr était alors dispersée en plusieurs petites îles, séparées l'une de l'autre par des bras de mer peu profonds et semés de ces rochers coupés à fleur d'eau qui hérissent par endroits les abords de la côte syrienne. Sur la plus grande et au point le plus élevé, les premiers colons avaient bâti, près de dix-huit siècles auparavant, le temple de Melkarth : un îlot voisin possédait le temple du dieu Bal-Samaïn que les Grecs identifièrent plus tard à leur Zeus Olympios. Hiram combla les détroits qui couraient entre les divers quartiers, et gagna sur la mer un terrain assez considérable au moyen de remblais et de quais fortifiés. Même en cet état, l'aire occupée par les habitations n'était pas large et ne devait guère loger plus de trente ou trente-cinq mille âmes. Elle déborda sur le continent, et « ses marchands qui « sont des princes, ses trafiquants qui sont les plus « honorables de la terre », étagèrent leurs villas sur les dernières pentes du Liban, mais la partie insulaire demeura le siège du gouvernement, grâce à sa position admirable et au fossé qui l'isolait du monde.

Hiram mort, son fils Baléastart ne demeura que sept ans sur le trône (946-939), et son petit-fils Abdastart fut tué dans une révolution populaire : les quatre fils de la nourrice d'Abdastart assassinèrent leur frère de lait et donnèrent la couronne au plus âgé d'entre eux. Soutenus par la masse d'esclaves, de soldats mercenaires et d'ouvriers que renfermaient les villes phéniciennes, ils se maintinrent douze ans au pouvoir (920-908). Leur domination eut des effets désastreux. Une partie de l'aristocratie émigra au loin, et c'en eût été fait de la suprématie tyrienne si cet état de choses avait duré. Une révolution rétablit l'ancienne lignée royale, sans rendre à la ville la tranquillité dont elle avait besoin : les trois fils survivants de Baléastart se succédèrent rapidement sur le trône (908-887). Le dernier, Phéli, fut tué, après neuf mois de règne, par un de ses parents Ithobaal Ier, prêtre d'Astarté, qui garda le pouvoir pendant trente-deux ans (887-855).

5. Fondation de Carthage. — Ithobaal s'allia avec ses voisins d'Israël et donna sa fille Jézabel en mariage au roi Achab. Il sut maintenir la paix entre les partis ; mais à sa mort, les mêmes accidents qui avaient suivi le règne d'Hiram se produisirent avec plus de force et des conséquences plus désastreuses. Balézor ne régna que six ans (855-849) ; Mutton Ier (849-820) ne laissa pour lui succéder qu'une fille, Élissar, mariée à son oncle Sicharbal, grand prêtre de Melkarth, et un enfant en bas âge du nom de Pygmalion.

Sicharbal avait été désigné par Mutton pour être régent pendant la minorité de l'héritier légitime. Il fut renversé par le parti populaire et, quelques années après, assassiné par son neveu. Élissar voulut venger le meurtre de son mari et ourdit une conspiration où l'aristocratie entra tout entière. Découverte, elle s'empara par surprise d'une flotte qui était alors dans le port prête à mettre à la voile, y embarqua ses partisans et cingla vers l'Afrique. Elle y acheta un terrain au roi libyen Jarbas, et fonda une *ville nouvelle*, Qart-Khadasht, que les Grecs ont nommée Carchédon et les Romains Carthage (vers 814). Élissar se mêla plus tard dans l'esprit du peuple avec une déesse Didon, dont le nom lui fut donné.

6. Tyr sous la domination assyrienne et chaldéenne. — Le reste de l'histoire des Phéniciens n'est plus que le récit de leurs rapports avec les grandes puissances qui se disputèrent la possession de la Syrie, du vıııᵉ au vıᵉ siècle av. J.-C. Les Assyriens avaient paru une première fois en Phénicie au temps d'Ithobaal. Les villes du nord, toujours turbulentes, essayèrent de leur résister, mais sans succès : Arad et Simyra furent prises et pillées à plusieurs reprises par Assournazirhabal et Salmanasar. Tyr, au contraire, suivit à l'égard de ces ennemis nouveaux la politique qu'elle avait pratiquée à l'égard des Égyptiens : elle calcula qu'il lui serait plus profitable de se soumettre sans lutte que de résister à chances inégales, et acheta la paix d'un tribut.

Elle ne s'enferma pas jusqu'au bout dans cette réserve prudente. Vers la fin du règne de Tiglath-phalasar III, son roi Élouli (728-692) soutint contre Salmanasar V, contre Sargon, contre Sennachérib, une lutte acharnée, où il finit par succomber. Son échec porta le dernier coup à la puissance tyrienne : désormais la Phénicie ne fut plus, malgré quelques révoltes promptement réprimées, qu'une dépendance de l'empire assyrien. La chute de Ninive lui rendit son indépendance, qu'elle défendit victorieusement contre

Nabuchodorosor avec l'appui des pharaons saïtes : elle soutint un siège de treize années (587-574) sans céder. Mais de nouvelles révolutions achevèrent d'épuiser ses forces : la royauté fut renversée en 564, puis rétablie en 557, sous la suzeraineté des Chaldéens. Quand Babylone tomba en 538, Tyr et la Phénicie suivirent ses destinées, et passèrent sans combat aux mains des Perses.

RÉSUMÉ

1. « La Phénicie ne fut pas un pays : ce fut une série de ports, avec une banlieue assez étroite », resserrée entre le mont Liban et la mer. Les Phéniciens étaient, dit-on, originaires des contrées qui avoisinent le golfe Persique. Leurs cités se partagent en trois groupes distincts : celui d'Arad et de Simyra au nord, puis celui de Byblos et de Bérouth au centre.

2. Sidon et Tyr formaient le groupe méridional. Tyr avait été fondée vers 2750 dans des îlots voisins de la côte.

3. Elle se plia de bonne grâce à la domination égyptienne et ne recouvra sa liberté que vers la fin de la XXᵉ dynastie. Vers l'an 1000, elle se donna pour roi Abibaal, dont le fils, Hiram Iᵉʳ (980-946), fut l'ami de David et de Salomon.

4. Il embellit, agrandit et fortifia la Tyr insulaire. Les révolutions qui suivirent sa mort jusqu'à Ithobaal Iᵉʳ (887-855) n'entravèrent pas sensiblement le développement de la grandeur tyrienne.

5. Après Ithobaal, de nouvelles guerres civiles éclatèrent, à la suite desquelles l'aristocratie émigra en Afrique.

sous la conduite d'Élissar-Didon, et fonda Carthage (vers 814).

6. Tyr entra en lutte avec l'Assyrie vers le milieu du VIIIe siècle. Assiégée vainement par Salmanasar V et par Sargon, elle résista treize ans à Nabuchodorosor (587-574) et reconnut tardivement la suprématie de la Chaldée. Mais ses longues résistances l'avaient ruinée et elle passa sans combat aux mains des Perses en 538.

CHAPITRE XXI

LA RELIGION — L'ALPHABET — LE COMMERCE ET L'INDUSTRIE

1. Les dieux phéniciens. — Nous connaissons peu les religions de la Phénicie. Chacune des villes avait son seigneur, *Adon*, son maître, *Baal*, qu'on désignait souvent d'un titre particulier pour le distinguer des maîtres, *Baalim*, de villes voisines. Les dieux adorés à Tyr et à Sidon s'appelaient Baal-Sour, le maître de Tyr, Baal-Sidon, le maître de Sidon : à Tyr, le Baal portait plus spéciale- ment le nom de Melkarth, le roi de la cité, dont les Grecs ont fait un Hercule tyrien. Chaque Baal se com- plétait d'une divinité féminine qui était la maîtresse, *Baalat*, de la ville, la reine, *Milkat*, des cieux, comme lui

Fig. 28. — La déesse à la colombe, d'après une terre cuite du Louvre. (Époque grecque.)

était le maître et le roi. Elle prenait le nom générique d'Astarté, et avait divers emblèmes selon le rôle qu'on lui attribuait : ici elle tenait une colombe à la main (fig. 28), là elle portait sur la tête le croissant lunaire.

Le caractère de ces divinités n'est pas aisé à définir. Les Baalim sont presque tous la personnification des forces de la nature, du soleil, des astres ; les Astartés président à l'amour, à la guerre, aux diverses saisons de l'année, à celles où la nature renaît comme à celles où elle semble mourir. Dieux ou déesses, tous habitent le sommet des montagnes, le Liban, l'Hermon, le Kasios, les bois, les eaux : ils se révèlent aux mortels sur les hauteurs, se logent dans les arbres, dans les pierres brutes ou *bétyles*, ou même dans les blocs taillés en colonnes.

2. Le culte d'Adonis et d'Astarté. — Avec le temps, la multiplicité des Baalim et des Astartés tendit à se résoudre en un seul couple suprême, qu'on nomma El et Ilat, Bel et Beltis, selon les localités, et auprès duquel les autres couples divins n'eurent plus qu'un semblant d'existence. Suivant les uns, Bel était le maître du ciel, du temps et de l'éternité, le soleil, tandis que sa compagne était la lune. Suivant les autres, sept dieux, les Cabires, fils de Sydyk, représentaient la classe des dieux créateurs, et se groupaient autour d'un huitième, Eshmoun, qui les dominait tous. Leur mythe, populaire dans les villes marchandes, à Béryte, à Sidon, fut propagé par les marins sur les côtes de la Méditerranée, et survécut même à la colonisation phénicienne : il eut un sanctuaire et des mystères célèbres dans l'île de Samothrace, jusqu'au dernier jour du paganisme.

Tous les Baalim avaient le caractère farouche et en-

vieux : ils exigeaient impérieusement le sacrifice non
seulement des animaux, mais de l'homme, surtout
celui du premier-né. Même, dans les cas de danger
public, le roi et les nobles fournissaient non plus une
seule victime, mais tous ceux de leurs enfants que
le dieu réclamait. On les brûlait vifs devant lui, et
l'odeur de leur chair apaisait sa colère ; le chant des
flûtes et le bruit des trompettes couvraient les cris de
douleur, et pour que l'offrande fût valable, la mère
devait être là, impassible et vêtue de fête.

Les mystères de la grande déesse étaient célébrés
près de Byblos, dans la vallée du fleuve Adonis. Au
solstice d'été, au moment où « l'été tue le printemps »,
elle ensevelissait son époux, Adonis, le maître des
maîtres, *Adon Adonim*, qu'un sanglier monstrueux
avait mis à mort, et le pays entier s'associait à son
deuil. Sur des catafalques dressés dans les temples,
des statues en bois peint représentaient le dieu qu'on
veillait avant de le conduire au tombeau : partout
dans les villes, dans les bois, par la montagne, des
troupes de femmes échevelées ou la tête rase, les
habits déchirés, la poitrine meurtrie, le visage déchiré
à coups d'ongles en signe de douleur, erraient et se
lamentaient à grand bruit. On enterrait le simulacre
et on préparait les jardins d'Adonis, sorte de vases où
des rameaux verdoyants, plantés sans racines, se des-
séchaient promptement au soleil. Vers l'automne, à
la suite des pluies qui tombent dans le Liban, les
torrents versent à la mer des flots d'eau rougeâtre.
C'était le sang d'Adonis, et la vue en redoublait la
douleur des fidèles. Sept jours durant ils menaient

grand deuil, mais le huitième, les prêtres annonçaient que, revenu à la vie, il allait rejoindre la déesse : aussitôt la joie éclatait bruyante et désordonnée.

5. **L'alphabet phénicien.** — La longue domination de l'Egypte avait exercé une action puissante sur les conceptions religieuses de la Phénicie. La légende d'Osiris et d'Isis s'enracina à Byblos et s'y mêla à

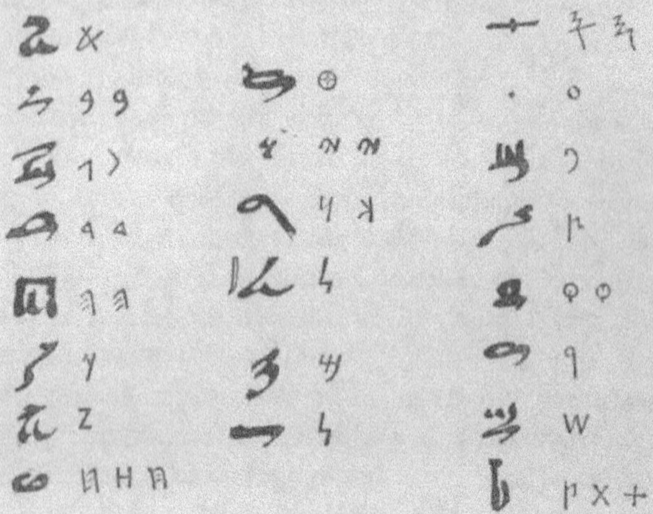

Fig. 29. — Les caractères de l'alphabet phénicien comparés aux signes hiératiques d'où ils sont dérivés.

celle d'Adonis et d'Astarté. Thot, naturalisé Phénicien, conserva dans sa patrie nouvelle son rang d'historiographe divin et d'inventeur des lettres.

Il y avait d'autant plus droit que les Phéniciens avaient emprunté leur écriture à l'Egypte. Ils ne s'embarrassèrent pas de lui prendre l'ensemble du système hiéroglyphique : un peuple de commerçants n'avait pas besoin d'une manière aussi complexe d'exprimer la pensée. Ils supprimèrent l'attirail d'idéogrammes, de syllabiques, de polyphones, d'homophones que les Égyptiens avaient conservé, et choisirent parmi les signes alphabétiques vingt-deux caractères répondant aux vingt-deux articulations principales de leur langue (fig. 29). Quinze d'entre eux sont assez peu altérés pour qu'on y reconnaisse aisément le prototype égyptien, et les autres se ramènent à

Fig. 30. — Naos d'Amrit.

l'hiératique sans blesser les lois de la vraisemblance.

Cet alphabet, transporté par les Phéniciens dans les contrées où le commerce les menait, devint comme la souche commune d'où se détachèrent tous les alphabets du monde connu, depuis l'Inde et la Mongolie jusqu'à la Gaule et à l'Espagne. C'est au Phénicien Cadmus, le fondateur de la Thèbes béotienne, que la tradition hellénique la plus répandue attribuait l'honneur de l'avoir introduit en Grèce; il nous est arrivé par l'Italie, et les lettres dont nous nous servons aujourd'hui pour écrire nos langues en dérivent naturellement.

4. L'art phénicien. — En même temps que l'écri-

Fig. 31. — Pressoir antique près d'Amrit.

ture, ils dérobèrent à l'Égypte une partie de son art et de son industrie. Les rares monuments phéniciens qui ont échappé à la destruction présentent un aspect égyptien des plus caractéristiques. Le naos découvert par M. Renan près d'Amrit, l'ancienne Marâth, passe-

rail sans peine pour être égyptien s'il avait été trouvé
aux bords du Nil (fig. 30). Même les pressoirs à huile
en grand appareil (fig. 31) ont, par la masse et par la
façon dont les pierres sont assemblées, un air de
parenté indiscutable avec les monuments de l'Égypte.

Fig. 32. — Vase d'argent à décoration égyptienne.

Les vases en argent et en bronze qu'on fabriquait à
Tyr et à Sidon sont décorés de figures et de motifs
égyptiens (fig. 32) ; les bijoux, bracelets, poignards,
boucles de ceinture, anneaux, pendants d'oreille
(fig. 33) portent des emblèmes ou des images de divi-

nités égyptiennes ; les verreries (fig. 34), sont identiques aux verreries d'Égypte.

Fig. 33. — Pendant d'oreille phénicien trouvé en Sardaigne.

L'influence assyrienne et chaldéenne balança un moment celle des Égyptiens, sans réussir à la supplanter : il en résulta toutefois un curieux mélange de formes et de types empruntés aux deux grandes civilisations rivales de l'Orient. Plus tard, après la conquête macédonienne, l'art et les procédés techniques de la Grèce se superposèrent aux arts et aux procédés d'autrefois et les firent oublier. Les Phéniciens n'eurent jamais un art national et se bornèrent toujours à contrefaire l'art des peuples qui leur commandaient : ils fabriquèrent de l'égyptien et de l'assyrien médiocre sous leurs maîtres égyptiens ou assyriens, puis de mauvais grec, aux temps grecs et romains.

5. L'industrie phénicienne : la pourpre. — Aussi bien est-ce surtout comme manufacturiers et comme navigateurs qu'ils furent renommés par l'antiquité entière. Il n'est point vrai, comme on dit, qu'ils aient été les premiers à faire du verre ; les Égyptiens le connaissaient longtemps avant eux, mais ils simplifièrent les procédés, et surent les premiers fabriquer du verre non coloré translucide,

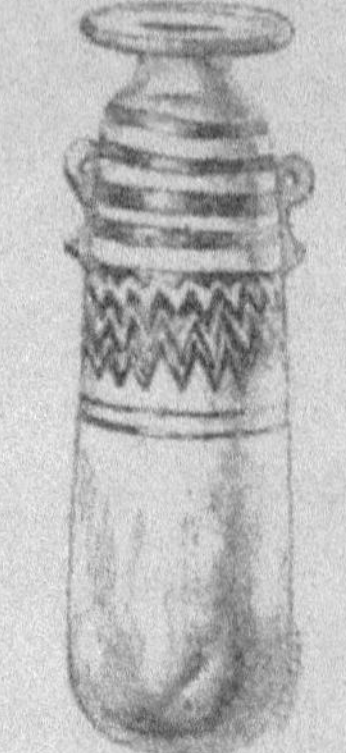

Fig. 34. — Petit vase phénicien en verre.

au lieu des verres opaques et colorés que l'Égypte
exportait. Leur orfèvrerie était recherchée partout,
ainsi que leurs broderies et leurs étoffes teintes.
Leur pourpre était célèbre dans le monde entier,
et ils furent longtemps seuls à en posséder la re-
cette.

La pourpre est une matière colorante qu'on extrait
de plusieurs sortes de mollusques ; ceux que les
Phéniciens employaient le plus communément dans
l'industrie étaient le *Murex trunculus* (fig. 35) et le
Murex brandaris (fig. 36),
dont on retrouve les restes
agglomérés en amas énor-
mes, dans le voisinage des
villes phéniciennes ou des
villes grecques où les Phéniciens avaient des colo-
nies. La matière colorante
s'emmagasine près de la

Fig. 35. — Le *Mu-*
rex trunculus.   Fig. 36. — Le *Mu-*
rex brandaris

tête de l'animal, et pour l'obtenir on cassait la coquille
en cet endroit d'un coup de marteau : c'est un suc
un peu jaunâtre qu'on recueillait avec soin, et qu'on
laissait macérer pendant trois jours avec du sel. On
le faisait bouillir ensuite dans des vases de plomb et
réduire au feu à une chaleur modérée ; on passait la
liqueur au tamis pour la débarrasser des lambeaux
de chair qui pouvaient s'y rencontrer, puis on y
trempait l'étoffe. La nuance la plus fréquente était
une teinte de sang tournant au noir par réflexion :
mais des manipulations variées permettaient d'obtenir des tons rouges, violets sombres, améthystes.

La teinturerie était, avec la verrerie, la principale industrie des Phéniciens, mais elle ne leur aurait pas fourni un fret assez considérable pour leurs vaisseaux : ils y joignaient les produits naturels ou manufacturés des autres peuples, qu'ils allaient chercher au loin ou que les caravanes de l'Asie et de l'Afrique apportaient jusque dans leurs ports. Ils furent pendant des siècles les rouliers de la Méditerranée et les intermédiaires nécessaires entre l'Occident encore barbare et l'Orient civilisé.

RÉSUMÉ

1. Chaque ville de Phénicie avait son dieu seigneur, son *Baal*, qui se complétait d'une Astarté. Les Baalim et les Astartés étaient la personnification des forces de la nature, le soleil, les astres, ou des passions humaines, l'amour, la guerre : ils vivaient sur les hauts lieux, dans les bois, dans les eaux, dans les pierres brutes ou *bétyles*.

2. Ils tendaient à se réunir en un couple suprême El et Ilat, Bel et Beltis, ou à se grouper au nombre de sept, les sept Cabires, autour d'Eshmoun, le créateur. Leur culte était désordonné et cruel : on brûlait des enfants en leur honneur. Au solstice d'été, on pleurait la mort d'Adonis, et l'on célébrait sa résurrection en automne.

3. Des éléments égyptiens s'étaient mêlés à la religion. C'est aussi à l'Égypte que la Phénicie emprunta son alphabet : de l'alphabet phénicien dérivent et nos alphabets européens et la plupart des systèmes d'écriture usités aujourd'hui dans le monde entier.

4. Les arts, orfèvrerie, sculpture, architecture, verrerie,

ont subi fortement l'influence tantôt de l'Égypte, tantôt de la Chaldée.

5. L'industrie des Phéniciens était célèbre dans l'antiquité. Ils perfectionnèrent les procédés de fabrication du verre et furent longtemps seuls à connaître la préparation de la pourpre. Ils exportaient au loin, avec les produits de leurs manufactures, les produits de l'industrie des autres peuples, et furent, durant des siècles, les rouliers de la Méditerranée.

CHAPITRE XXII

LES COLONIES PHÉNICIENNES

1. Colonisation de Chypre. — 2. Les Phéniciens dans la mer Égée et dans la mer Noire. — 3. Les Phéniciens en Grèce; réaction de la Grèce contre la Phénicie. — 4. La Sicile, l'Afrique et l'Espagne colonisées. — 5. Ruine de l'empire colonial des Tyriens.

1. Colonisation de Chypre. — Les vaisseaux phéniciens n'étaient, comme ceux des autres peuples orientaux, que de grandes barques à demi pontées, qui marchaient à la rame et à la voile et naviguaient de préférence le long des côtes. On ne voyageait guère que le jour. Le soir on s'arrêtait dans une anse, à l'abri d'un cap; parfois même on tirait le navire sur le sable, et l'on campait à terre, pour repartir le lendemain[1]. On ne s'aventurait au large qu'à la dernière extrémité, lorsqu'on ne pouvait faire autrement, pour franchir un bras de mer qui séparait deux continents ou pour aller rejoindre une île éloignée.

1. Voir dans les *Lectures historiques*, p. 175, la figure et la description des vaisseaux égyptiens et phéniciens du temps de Ramsès II.

Chypre fut la première occupée : dès le XVII° siècle avant notre ère, elle était couverte de colonies phéniciennes qui en exploitaient les richesses naturelles. Deux chaînes de montagnes peu élevées la traversent presque parallèlement de l'est à l'ouest : la vallée qui se creuse entre elles étonne aujourd'hui encore les voyageurs par sa fécondité. Elle produit du blé, du raisin, des olives en abondance, mais elle est riche surtout en métaux ; son cuivre était si renommé que les Romains s'habituèrent à le désigner par l'épithète de *cyprium*, d'où sont venus presque tous les noms sous lesquels on le connaît dans la plupart des langues de l'Europe. Byblos fonda le grand sanctuaire de Paphos sur la côte ouest ; le reste de l'île était partagé en petits états, Citium, Amathonte, Curium, qui reconnurent tour à tour la suprématie de Tyr, de Sidon et des peuples auxquels leurs suzerains payaient tribut, Egyptiens ou Assyriens.

2. Les Phéniciens dans la mer Égée et dans la mer Noire. — Vers le sud, les Tyriens ne possédaient pas d'établissements indépendants. Ils avaient dans la plupart des grandes villes du Delta des entrepôts placés sous la surveillance des autorités égyptiennes ; à Memphis, ils devinrent assez nombreux pour habiter à eux seuls un quartier entier. Leur effort principal se porta sur l'Asie Mineure ; les côtes de la Cilicie qui sont en face de Chypre se couvrirent rapidement de comptoirs florissants, mais la Lycie leur opposa une résistance invincible. Les Cares se laissèrent entamer plus facilement. Ils permirent aux Sidoniens de s'emparer de Rhodes, s'unirent à eux par des mariages, et s'assimilèrent si bien à leurs nouveaux maîtres, qu'on donna parfois à leur pays le nom de Phœniké, terre phénicienne.

Au delà de Rhodes, deux voies s'ouvraient au navigateur. La première menait au nord vers l'Hellespont et jusque dans la mer Noire. Les Phéniciens colonisèrent, de concert avec les Cares, la plupart des îles de l'archipel, Délos, Paros, Mélos, qui leur fournit en abondance l'alun, le soufre, le blanc de foulon. Ils établirent des pêcheries de pourpre à Nisyra et à Gyaros, des teintureries et des manufactures d'étoffe à Cos, à Amorgos, à Mélos ; plus tard, ils s'emparèrent de Lemnos, de Samothrace, de Thasos et exploitèrent les mines d'or du mont Pangée sur la côte de Thrace. Toujours à la recherche de nouveaux marchés, ils s'engagèrent hardiment dans l'étroit canal de l'Hellespont et pénétrèrent dans le bassin spacieux et tranquille de la mer de Marmara. Après s'être assuré la libre pratique du détroit par la fondation d'Abydos et de Lampsaque, ils se logèrent à Pronectos, non loin des mines d'argent où les Bithyniens travaillaient dans la montagne.

La tradition veut même qu'attirés par la renommée des mines du Caucase, ils aient affronté les parages inhospitaliers de la mer Noire. Ils rapportaient de ces croisières périlleuses le thon et la sardine, la pourpre, l'ambre, l'or et l'argent, le plomb, l'étain nécessaire à la fabrication du bronze et qu'ils recevaient aussi par voie de terre, à travers l'Arménie et la Syrie.

3. **Les Phéniciens en Grèce; réaction de la Grèce**

contre la Phénicie. — De Rhodes on aperçoit au loin vers le sud les cimes des montagnes crétoises. La Crète barre l'entrée de la mer Égée et forme comme un petit continent qui se suffit à lui-même ; elle renferme des vallées plantureuses et des montagnes couvertes de forêts. Les Phéniciens installèrent des pêcheries de pourpre à Itanos, dominèrent la côte, refoulèrent les indigènes dans les replis de l'Ida, puis passèrent à Cythère, et y fondèrent un sanctuaire d'Astarté.

La Grèce continentale, serrée de près au sud par Cythère, à l'est par les Cyclades, ne tarda pas à recevoir leur visite : on les vit tour à tour dans l'isthme de Corinthe, à Égine, à Salamine, en Argolide, en Attique. Une légende en honneur pendant l'antiquité veut que Thèbes de Béotie ait été fondée par un Phénicien, Cadmus, l'inventeur de l'alphabet grec. Ces établissements répandirent partout, chez les peuplades encore à demi barbares qui habitaient la Grèce, les produits de la civilisation orientale et les idées religieuses de l'Orient. L'Aphrodite de Corinthe succéda, comme celle de Cythère, à une Astarté phénicienne, et les menus objets de fabrication égyptienne servirent souvent de modèles aux premiers artisans de l'Argolide.

Toutefois les Grecs ne se laissèrent ni entamer ni exploiter longtemps par les Phéniciens. Ils apprirent promptement à construire des navires capables de lutter contre ceux des étrangers (fig. 37), attaquèrent les factoreries tyriennes, reconquirent les Cyclades. Les Crétois indigènes, renforcés sans doute par des émigrants venus du continent, chassèrent les Cananéens de leur île ; la Crète délivrée

Fig. 37. — Un navire grec, d'après une terre-cuite chypriote du vᵉ siècle.

forma un royaume de cent villes, dont la capitale fut Cnôsos et le premier souverain un personnage à demi légendaire, Minos. L'avènement de la domination crétoise, vers le xiiiᵉ siècle, marque la fin de la domination phénicienne dans les mers de Grèce.

A partir de ce moment, Sidoniens et Tyriens ne se maintinrent plus qu'à grand'peine dans quelques îles isolées, à Thasos, à Mélos, à Théra, à Rhodes et à Cythère. Bientôt même les races grecques prirent l'offensive, et allèrent chercher fortune dans des contrées où les Phéniciens avaient été jusqu'alors sans rivaux. Les Achéens, repoussés de l'Egypte par Minéphtah et par Ramsès III, prirent pied en Chypre, et y commencèrent une lutte qui se prolongea pendant des siècles, avant d'aboutir à la ruine des anciennes colonies phéniciennes. Placés aux frontières du monde oriental, les Grecs de Chypre lui empruntèrent en partie sa civilisation. Leurs artistes, soumis directement et indirectement à l'influence égyptienne et assyrienne, penchèrent tantôt vers l'imitation de l'Egypte, tantôt vers celle de l'Assyrie.

4. **La Sicile, l'Afrique et l'Espagne colonisées.** — Des conquêtes dans les parages lointains de la Méditerranée compensèrent largement ces pertes. Les

Tyriens avaient été attirés de bonne heure vers l'Occident, par la renommée d'un continent riche en métaux précieux, fertile en toutes les choses nécessaires
à la vie : ils étaient passés sans peine de Grèce en
Italie et en Sicile, de Sicile à Malte et en Afrique
(vers le xii* siècle). Chassés des eaux de la mer Égée,
ils reportèrent toutes leurs forces sur ces contrées
où ils n'avaient pas encore de concurrents.

Ils entourèrent la Sicile d'une ceinture de colonies,
Rosh-Melkarth, Motya, Ziz, qui fut plus tard Palerme :
le sanctuaire d'Astarté, qui couronnait le mont Éryx,
conserva sa réputation de sainteté jusqu'aux derniers
jours du paganisme. Les mines de Sardaigne les attirèrent, puis les Baléares. La partie de l'Afrique qui
est située en face de la Sicile offrait d'amples débouchés à leur commerce, et leur fournissait en abondance les matières premières, ivoire, bois rares,
épices, métaux précieux, dont leurs manufactures
avaient besoin. Le plus ancien de leurs établissements sur cette côte, Utique, remontait jusqu'au
xii* siècle : d'autres villes, les deux Hippo, Hadrumète, Leptis, s'élevèrent bientôt à côté d'Utique.

Longeant la côte vers l'ouest, ils arrivèrent au débouché de la Méditerranée dans l'Océan, au détroit
de Gibraltar, qui marqua longtemps la limite extrême
de leurs conquêtes. Il était alors encombré d'îlots
qui ont aujourd'hui disparu sous les flots : sur deux
d'entre eux, qui étaient l'un en Europe, l'autre en
Afrique, le dieu Melkarth avait élevé, disait-on, deux
stèles triomphales, les deux colonnes d'Hercule. Au
delà des colonnes commençait le pays de Tarshish, où

Salomon envoya ses flottes, le Tartessos des Grecs, une des régions les plus fertiles de l'ancien monde. Les plaines du Bétis et de l'Anas produisaient l'huile, le vin, le froment au centuple ; la laine de leurs moutons, fine et souple, se prêtait mieux que toute autre à la broderie et à la teinture de pourpre. Les fleuves, larges et profonds, étaient navigables assez haut dans l'intérieur et facilitaient l'accès des régions éloignées de la mer. Les montagnes, couvertes de forêts, recélaient dans leurs flancs les métaux les plus divers, l'or, l'argent, le cuivre, le fer, l'étain même. La mer était poissonneuse et nourrissait le thon en abondance.

Les plus anciennes colonies phéniciennes dans cette région furent Six, en deçà des Colonnes, et Onoba au delà. Vers 1100, Gadir, aujourd'hui Cadix, fut fondée dans une petite île longue, étroite, à peine séparée de la côte par un filet d'eau salée. Gadir devint bientôt, grâce à son admirable situation, le centre des possessions phéniciennes en Espagne, Carteia, Malaca, Abdera. De Tyr à Gadir et de Gadir à Tyr, les communications furent bientôt aussi régulières et aussi complètes qu'entre Chypre et la Phénicie.

5. Ruine de l'empire colonial des Tyriens. — Sous Hiram et sous ses successeurs, Tyr fut vraiment la métropole commerciale du monde entier : les troubles intérieurs, en jetant une partie de la population au dehors, favorisèrent même l'accroissement de son empire. Ses amiraux explorèrent la côte du Maroc bien loin au sud, et tendirent comme une chaîne de colonies entre le détroit et le Sénégal : ils remonlèrent au nord jusque dans les mers brumeuses de la Gaule, aux îles de l'Étain, peut-être au delà de la Grande-Bretagne. Mais les mêmes ennemis qui les avaient chassés de la mer Égée, les Grecs, vinrent les relancer dans le bassin occidental de la Méditerranée. Ils arrivèrent en Sicile vers la fin du viii° siècle, au moment même où Tyr luttait contre Tiglathphalasar et Sargon : ils fondèrent Naxos et Mégare en 731, Syracuse en 734, colonisèrent en quelques années tout le front oriental et méridional de l'île. Puis Colæos de Samos se lança au delà de la Sicile et, parvenu à Gadir, noua avec l'Espagne des relations commerciales que les Phocéens développèrent activement.

Carthage acheva ce que les Grecs avaient commencé. Elle éclipsa bientôt ses voisines, Utique, Hadrumète, Leptis, et ne tarda pas à entrer en rivalité d'intérêts avec la mère patrie. Les Phéniciens de Sicile, refoulés par les Grecs dans la partie occidentale et septentrionale de l'île, ceux de la côte d'Espagne et de la côte d'Afrique, harassés sans cesse par les barbares, tous les peuples et tous les comptoirs que Tyr, empêchée par ses guerres contre l'Assyrie et la Chaldée, ne pouvait plus défendre, se rangèrent sous la protection de Carthage. Vers le milieu du vii° siècle, la Phénicie n'avait plus une colonie qui reconnût son autorité, ni même Chypre, et l'empire tyrien était remplacé par l'empire punique.

RÉSUMÉ

1. Les Phéniciens ne connurent guère que le cabotage : ils ne quittaient les côtes qu'à la dernière extrémité, pour franchir un bras de mer qui séparait deux continents l'un de l'autre, ou une grande île d'un continent. Ils colonisèrent d'abord Chypre, attirés par ses richesses minérales, surtout par ses mines de cuivre.

2. Ils couvrirent ensuite de leurs comptoirs les rivages de Cilicie et de Carie, Rhodes, les îles de l'Archipel, le littoral de la mer de Marmara : ils pénétrèrent même, dit-on, jusqu'au fond de la mer Noire.

3. De Rhodes, ils passèrent en Crète, puis dans la Grèce continentale : la tradition leur attribue la fondation de Thèbes en Béotie. Minos les chassa de Crète et des Cyclades, puis les Achéens vinrent s'installer à Chypre et leur enlevèrent une partie de l'île (vers le XIIIᵉ siècle).

4. Ces pertes furent compensées par l'établissement de colonies nombreuses en Sicile, en Sardaigne, aux îles Baléares, en Afrique, en Espagne. La fondation de Gadir, vers 1100, assura la domination tyrienne dans la Bétique.

5. Les Grecs s'implantèrent en Sicile à côté des Phéniciens, vers le milieu du VIIIᵉ siècle, et allèrent les relancer jusqu'en Espagne. Après la lutte de Tyr contre Nabuchodorosor, Carthage se sépara d'elle et lui enleva la suzeraineté des établissements d'Afrique et d'Espagne : au temps de Cyrus, elle n'avait plus une colonie qui lui appartînt.

LIVRE IV

LES MÈDES ET LES PERSES

CHAPITRE XXIII

DESCRIPTION DE L'IRAN ET DE L'ASIE MINEURE
L'EMPIRE MÈDE

1. Description de l'Iran. — 2. Commencements de l'empire des Mèdes : Cyaxare. — 3. Description de l'Asie Mineure : le royaume de Lydie. — 4. Invasion des Scythes : guerre entre les Lydiens et les Mèdes (591-585) — 5. Astyage (584-549).

1. Description de l'Iran. — L'Iran s'étend entre la mer Caspienne et le golfe Persique. Il s'appuie, au nord-ouest et au nord, sur un massif montagneux dont le sommet le plus élevé, le Démavend, s'élance en pyramide à près de vingt mille pieds dans les airs. Il est borné à l'ouest par cinq ou six rangées de montagnes parallèles, connues des géographes grecs sous le nom de Khoatras et de Zagros; elles le protègent contre les attaques venant des régions du Tigre comme les murs d'un vaste camp retranché.

La lisière occidentale, bien arrosée par de nombreux cours d'eau, nourrit une population nombreuse ; mais, à mesure qu'on s'enfonce dans l'intérieur, les rivières se perdent et le désert apparaît. Le sol, sans approcher celui de l'Égypte ou de la Chaldée, abonde en ressources. Les montagnes renferment du cuivre, du fer, du plomb, un peu d'or et d'argent, des pierres précieuses et surtout un lapis-lazuli fort estimé. Nues par endroits, elles se revêtent le plus souvent d'épaisses forêts de pins, de chênes et de peupliers. Les flancs du Zagros sont de véritables vergers naturels : ils produisent la poire, la pomme, le coing, la cerise, l'olive. Les parties intérieures du plateau ne renferment des arbres qu'en petite quantité, au voisinage des rivières et des étangs : elles donnent du froment, de l'orge, du seigle et des légumes excellents dans les cantons où l'eau ne manque pas. On y trouvait à côté du lion, du tigre, du léopard, de l'ours, beaucoup d'animaux domestiques ou susceptibles de le devenir, l'âne sauvage, le buffle, le dromadaire, le chameau à deux bosses, même plusieurs races de chevaux, dont une, la niséenne, était renommée par sa force, sa taille et son agilité.

Les premiers conquérants assyriens ne franchirent pas la barrière que le Zagros opposait à leur ambition. Salmanasar II et son fils Samsiramàn montèrent sur le plateau vers la fin du IXe siècle, et, les premiers de leur race, entrèrent en contact avec les Mèdes.

2. Commencements de l'empire des Mèdes : Cyaxare. — Les Mèdes se donnaient à eux-mêmes le nom générique d'Ariens. Ils avaient conservé vaguement le souvenir d'une époque où, réunis à d'autres nations de même race, ils erraient sur les bords de l'Oxus et de l'Iaxarte. Une partie des tribus qui vivaient à côté d'eux descendit vers le sud, dans le bassin de l'Indus et de ses affluents : ils montèrent avec les Perses sur le plateau et tâchèrent de s'y conquérir un territoire suffisant à leurs besoins. Les Perses poussèrent vers le sud-ouest, et ne s'arrêtèrent qu'à la frontière orientale de l'Élam, dans un canton montagneux auquel ils prêtèrent leur nom. Les Mèdes s'élevèrent lentement vers l'ouest, en longeant les montagnes qui bordent la Caspienne. Divisés en un nombre considérable de petits États sans cesse en lutte l'un contre l'autre, ils ne purent résister d'abord aux armées assyriennes, et de Tiglathphalasar III à Asarhaddon, pendant plus d'un demi-siècle, ils payèrent presque continuellement un tribut aux souverains de Ninive.

Les traditions nationales plaçaient pourtant à cette époque un certain Déjocès, qui les aurait réunis en un seul corps de nation et fondu les principautés isolées en un royaume unique; il aurait bâti Ecbatane, établi une armée, réglé les rapports du prince avec les sujets. Sargon avait vaincu et pris en 715 un certain Dayaukkou, qui est probablement le personnage auquel la légende médique faisait allusion. C'était un roitelet obscur, qui n'eut point par lui-même une grande influence, mais dont les descendants furent les fondateurs de l'empire mède. Trente ans après lui, en 677, la Médie formait déjà une confédération aux ordres d'un chef unique, Mamitiarshou, assez forte pour tenir tête à Ésarhaddon.

La puissance du peuple nouveau s'affermit pendant les années qui suivirent : tandis qu'Assourbanipal usait les armées de l'Assyrie contre l'Élam, un souverain, que la tradition nomme Phraortes (655-625), achevait de réunir sous sa domination tous les peuples qui habitaient entre le bassin du Tigre et la Caspienne. Quand Assourbanipal mourut, en 625, il crut le moment venu d'attaquer l'Assyrie et descendit dans les plaines du Tigre; mais il fut vaincu par Assourétililâni et périt dans la bataille. Son fils Cyaxare (625-584) rallia à grand'peine les débris de son armée, et remonta sur le plateau de l'Iran pour y préparer une invasion nouvelle.

Cyaxare fut le véritable fondateur du grand empire médique. Instruit par l'expérience de son père, il organisa ses forces sur le modèle des troupes régulières de l'Assyrie : il sépara les piquiers, les archers et les cavaliers, qui jusqu'alors avaient combattu pêle-mêle. Il s'était formé une armée régulière et avait recommencé la guerre contre l'Assyrie, lorsque l'irruption des Scythes suspendit l'exécution de ses projets ambitieux.

3. Description de l'Asie Mineure : le royaume de Lydie. — Bien loin vers le nord, au delà des fleuves de l'Arménie et des pics du Caucase, dans les vastes steppes du continent assyrien, vivaient des tribus sauvages, sans cesse en guerre, sans cesse en mouvement. Vers le milieu du VIIIe siècle, les Gimirri, que les Grecs ont connus sous le nom de Cimmériens, chassés par des peuplades venues de l'Asie septentrionale, franchirent le Danube et les Balkhans, rallièrent en chemin des tribus thraces, les Trères, les Édones, et passèrent en Asie.

L'Asie Mineure est un plateau compact, bordé de tous les côtés et sillonné par des montagnes puissantes : on dirait « un petit Iran qui s'élève du sein de trois mers », la Méditerranée, la mer Égée et le Pont-Euxin. Le littoral égéen est sillonné de vallées larges et profondes, arrosées par des fleuves travailleurs dont les alluvions empiètent chaque année sur la mer, le Kaïkos, l'Hermos, le Kaystre, le Méandre. La partie centrale du plateau est pauvre, nue, semée de marais, d'étangs, de lacs aux contours mal définis où s'amassent les eaux : seules quelques grandes rivières réussissent à rejoindre la mer, l'Iris et l'Halys, la mer Noire, le Pyramos et le Saros, la mer Méditerranée.

Toutes les races du monde antique semblent s'être donné rendez-vous dans ce pays tourmenté. Au nord-ouest, des peuples contre lesquels les Assyriens eurent souvent à lutter, les Moushki, les Tabal, les Chalybes, livrés à l'exploitation des métaux et qui fournissaient d'étain, de cuivre, de fer, même d'argent et d'or la plupart des nations orientales. Au sud, dans les gorges du Taurus et dans les plaines de la Cilicie, les descendants des Khiti, mêlés de nombreux éléments araméens. Au centre et à l'est, des nations d'origine européenne, détachées, comme les Mèdes et les Perses, de la grande souche arienne,

Dardaniens, Troyens, Mysiens, Thyniens, Bithyniens. La plus célèbre, celle des Phrygiens, dont l'arrivée en Asie détermina l'émigration des *Peuples de la mer* qui menacèrent l'Égypte vers la fin de la XIXe dynastie, avait fondé au milieu de la péninsule un royaume puissant, dont l'histoire nous est mal connue. Dès le Xe siècle, les Grecs avaient établi sur la côte occidentale une ligne de colonies, ioniennes, éoliennes, doriennes, Milet, Smyrne, Phocée, Colophon, Halicarnasse, qui, prospérant rapidement, essaimèrent à leur tour et allèrent fonder des villes nouvelles sur les côtes de la mer Noire.

Dans le même temps, l'antique royaume de Lydie, stimulé sans doute par le voisinage des colons grecs, sortait de l'obscurité où il avait vécu jusqu'alors. Trois dynasties s'étaient succédé, dit-on, sur le trône de Sardes, les fabuleux Atyades, les Héraclides, que la tradition rattachait à Hercule, les Mermnades qui venaient d'arriver au pouvoir avec Gygès (vers 675). Gygès essaya de rompre la barrière de colonies grecques qui le séparaient de la mer ; ses longues guerres contre Milet n'aboutirent à aucun résultat sérieux, et son règne se termina par un désastre. Les Cimmériens le tuèrent dans une bataille, prirent Sardes et la pillèrent (vers 650). Son fils Ardys (650-630) les battit, mais sans réussir à briser leur puissance ; ils demeurèrent pendant trente ans encore les maîtres de l'Asie Mineure.

4. Invasion des Scythes : guerre entre les Lydiens et les Mèdes (594-585). — En même temps que les Cimmériens, les Scythes, qui les avaient chassés de leur patrie primitive, étaient descendus en Asie. Assourbanipal les avait déjà rencontrés devant lui vers 660, dans les montagnes de l'Arménie; vers 624, leurs bandes, renforcées par l'arrivée d'émigrants nouveaux, se jetèrent sur les riches plaines de l'Assyrie et de la Médie, sans que rien pût les arrêter. L'Assyrie fut pillée, et Cyaxare dut d'abord leur payer tribut; il ne put reprendre ses projets de conquête qu'après s'être débarrassé d'eux, les uns disent par la force, les autres par la trahison (vers 608). Allié au roi de Babylone Nabopolassar, il réussit enfin à détruire Ninive (606) et reçut pour sa part du butin l'Assyrie propre et ses dépendances.

Il ne s'en tint pas à ce premier succès. Les peuples de l'Arménie, à moitié ruinés par les Scythes, ne lui offrirent pas grande résistance, et il pénétra sans difficulté au cœur même de l'Asie Mineure. Il s'y heurta contre les Lydiens. Sadyattes (630-618), fils d'Ardys, avait continué la lutte contre les Grecs; Alyattes (618-562) leur enleva Smyrne et s'étendit à l'intérieur jusqu'au pays que l'Halys arrose. La guerre entre les Lydiens et les Mèdes dura six ans à chances égales, et les deux armées, après plusieurs batailles indécises, allaient se rencontrer une fois encore, lorsque le soleil s'éclipsa soudain. Les peuples de l'Iran ne voulaient combattre qu'à la pleine lumière du jour, et les Lydiens, bien que prévenus, dit-on, par Thalès le Milésien, du phénomène qui se préparait, n'étaient peut-être pas plus rassurés que leurs adversaires; les alliés des deux rois s'entremirent et les décidèrent à traiter. L'Halys resta la limite officielle des deux royaumes ; pour consolider l'alliance, Alyattes maria sa fille avec Astyage, fils de Cyaxare. Selon l'usage du temps, les princes, après s'être prêté l'un à l'autre le serment d'amitié, scellèrent le contrat en se piquant mutuellement le bras et en buvant le sang qui coulait de la blessure (585).

5. Astyage (584-549). — Cyaxare mourut peu après (584), plein de gloire et de jours. A son avènement, la Médie n'occupait qu'une petite partie du plateau de l'Iran ; il laissa à son successeur Astyage un empire qui s'étendait des bords de l'Helmend aux rives de l'Halys, sur un tiers de l'Asie occidentale. Astyage (584-549) ne paraît pas avoir été un prince guerrier : cruel et superstitieux, il végéta dans le faste d'une cour orientale, sans autre passe-temps que la chasse à travers les parcs de ses palais ou sur les confins du désert.

RÉSUMÉ

1. Le plateau de l'Iran s'étend entre la mer Caspienne et le golfe Persique ; il est borné à l'ouest par la chaîne du Zagros. La lisière occidentale en est fertile et bien arrosée, l'intérieur sablonneux et privé d'eau. Les premiers conquérants assyriens ne se hasardèrent pas à y pénétrer.

2. Les Mèdes étaient des Aryens, originaires de la Bactriane. Ils payèrent tribut à Tiglathphalasar III et à ses successeurs. Les princes de la famille de Déjocès profitèrent des guerres d'Assourbanipal contre l'Élam pour s'affranchir. Phraortes osa même attaquer l'Assyrie, mais fut vaincu et tué par Assourétililâni (625). Son fils Cyaxare fut le véritable fondateur de l'empire médique.

3. L'Asie Mineure « est un petit Iran qui s'élève du sein

de trois mers », la Méditerranée, la mer Égée, la mer Noire. Elle fut dominée successivement par les Khiti, puis par les Phrygiens, venus d'Europe vers le xive siècle avant notre ère, colonisée par les Phéniciens et par les Grecs. Vers le viie siècle, l'antique royaume de Lydie, restauré par Gygès (675-650), essaya de rompre la ceinture de colonies grecques qui le séparait de la mer. Son progrès, arrêté un moment par l'agression des Cimmériens (650), reprit sous Ardys (655-630).

4. L'invasion des Scythes, venant après celle des Cimmériens, empêcha momentanément Cyaxare de renverser l'empire d'Assyrie. Quand, en 606, Ninive eut été détruite, les Mèdes, s'avançant vers l'ouest, se heurtèrent contre les Lydiens d'Alyattes (618-562); une guerre de six ans entre les deux puissances se termina en 585 par un traité qui leur assigna l'Halys pour frontière.

5. Cyaxare eut pour successeur Astyage (584-549), prince cruel et fastueux, qui ne sut pas défendre les conquêtes de son père.

CHAPITRE XXIV

LES PERSES — CYRUS, CAMBYSE
CONQUÊTE DE LA PLUS GRANDE PARTIE DE L'ANCIEN ORIENT

1. Les commencements de la royauté perse. — 2. Cyrus (558-529); conquête de la Médie (549) et de la Lydie (546). — 3. Conquête de la Haute-Asie et de la Chaldée (538); mort de Cyrus (529). — 4. Cambyse (529-522); conquête de l'Égypte (525). — 5. Folie et mort de Cambyse.

1. Les commencements de la royauté perse. — Les Perses avaient, dès les premiers temps de l'invasion aryenne, occupé les pays situés à l'est de l'Élam. Leur domaine propre s'étendit bientôt de l'embouchure du Tab à l'ouest jusqu'aux parages du détroit d'Ormuzd. Il est stérile et mal arrosé le long des côtes. Quelques rivières seulement, le Tab, le Bendamir et le Kourab, parviennent jusqu'à la mer : les autres n'ont pas d'écoulement et s'accumulent au fond des vallées, en lacs plus ou moins étendus selon les saisons. Les tribus perses partagèrent leur conquête en plusieurs districts : la Parétacène et la Mardiène dans les montagnes, la Tokéné le long de la côte, la Carmanie vers l'ouest; ils s'y bâtirent quelques gros bourgs, dont les plus importants étaient Persépolis et Pasargades. Ils obéissaient à des rois qui descendaient d'un certain Achéménès, leur chef au moment de l'invasion. Une des branches de cette famille enleva aux Élamites, ruinés par Assourbanipal, le district d'Anshân et y fonda une principauté dont les maîtres Téispès, Cyrus Ier, Cambyse Ier, reconnurent pendant près d'un siècle la suzeraineté des Mèdes.

2. Cyrus (558-529); conquête de la Médie (549) et de la Lydie (546). — Cyrus II, fils de Cambyse (fig. 38), les tira de leur obscurité pour les faire maîtres de l'Asie. Selon une tradition qui

Fig. 38. — Le roi Cyrus d'après un bas-relief de Mourgâb.

voulait à tout prix le rattacher à la lignée de Cyaxare, il était le petit-fils d'Astyage par sa fille Mandane. Astyage, troublé par des songes qui lui révélaient la grandeur future de l'enfant, voulut le faire tuer à sa naissance; mais Harpage, le seigneur auquel il se remit du soin d'exécuter ses ordres, se borna à exposer le jeune Cyrus dans les bois, où une chienne, affirmaient les uns, la femme d'un des bergers royaux, prétendaient les autres, le nourrit jusqu'à ce qu'il fut grand. L'histoire réelle n'en sait pas si long. Elle se borne à constater que Cyrus, roi d'Anshân, prit les armes contre les Mèdes : l'armée d'Astyage se révolta, remit son maître aux mains du nouveau roi (549). Ce fut plutôt un changement de dynastie qu'une conquête étrangère : l'empire perse se substitua presque sans secousses à l'empire mède.

Il s'accrut rapidement. Cyrus s'attaqua d'abord à la Lydie. Elle était gouvernée depuis 562 par Crésus fils d'Alyattes. Crésus, vainqueur d'Éphèse et de Smyrne, maître de tous les peuples situés à l'occident du fleuve Halys, s'était acquis par le monde entier un renom de générosité et de richesse qui est resté proverbial jusqu'à nos jours. Au premier bruit de la chute d'Astyage, il s'était allié avec les anciens peuples de l'Orient que l'avènement du pouvoir nouveau menaçait, avec l'Égypte d'Amasis, avec la Chaldée de Nabounâhid, même avec les Lacédémoniens. Fort de leur appui, il engagea la lutte au printemps de 546, franchit l'Halys, s'empara de Ptéria, place forte qui commandait la région par laquelle les Perses devaient l'aborder : Cyrus ne fut prêt à repousser l'assaut que vers la fin de l'été. Une bataille, livrée aux bords de l'Halys, demeura indécise : comme la saison avançait, Crésus se retira à Sardes et licencia son armée pour la durée de l'hiver, comptant n'être pas attaqué avant le retour du printemps.

L'événement déjoua ce calcul : les Perses continuèrent la guerre, malgré l'hiver, et poussèrent droit au cœur de la Lydie : surpris et battu dès la première rencontre, Crésus se réfugia dans Sardes et se hâta de convoquer ses alliés.

La ville passait pour imprenable. Elle repoussa plusieurs assauts. Un jour pourtant, un des soldats de la garnison ayant laissé tomber son casque du haut de la citadelle descendit le ramasser et remonta par le même chemin. Un des assiégeants l'aperçut, le suivit et pénétra avec quelques-uns de ses compagnons au fort de la place. Elle avait résisté quatorze jours (546). La tradition contait que Crésus, condamné au feu, aurait été sauvé sur le bûcher même par la faveur d'Apollon Delphien, et serait devenu plus tard l'ami et le conseiller fidèle de son vainqueur. Cyrus confia à ses lieutenants le soin d'achever la conquête. Harpage réduisit la Lycie et les villes grecques qui avaient résisté aux Mermnades avec succès. Les habitants de Phocée s'expatrièrent, et, après de nombreuses aventures, allèrent en Gaule fonder Marseille; ceux de Xanthos, en Lycie, se firent massacrer plutôt que de se rendre. Le reste se résigna à son sort et accepta la souveraineté des Perses.

3. Conquête de la Haute-Asie et de la Chaldée (538); mort de Cyrus (529). — Tandis qu'Harpage terminait la soumission de l'Asie Mineure, Cyrus guerroyait aux extrémités orientales du plateau iranien. Il annexa successivement la Bactriane et la Margiane; il construisit en Sogdiane plusieurs places fortes dont la principale, Cyropolis ou Cyreschata, commandait un des gués principaux du fleuve Iaxartes. Les steppes de la Sibérie arrêtèrent sa marche vers le nord, et les Saces furent le dernier peuple qu'il dompta vers l'est. En les quittant, il parcourut l'Arie, l'Arachosie, le pays entre la rivière de Caboul et l'Indus : mais il semble que les déserts de la Gédrosie arrêtèrent son armée. Ces guerres l'occupèrent cinq ou six ans, de 545 à 539, et doublèrent l'étendue de ses états. A peine de retour, il attaqua la Chaldée et eut facilement raison de Nabounâhid : Babylone prise (538), les provinces qui dépendaient d'elle se soumirent sans combat, et du même coup la frontière de l'empire perse fut portée aux confins de l'Égypte.

Amasis était le seul des rois de l'ancien monde dont la puissance parût capable de balancer encore la prépondérance des Perses. Cyrus hésita un moment à l'attaquer, puis se rejeta vers l'est et disparut d'une façon mystérieuse (529). La tradition la plus connue prétend qu'il demanda en mariage Tomyris, reine des Massagètes, et fut dédaigné. Il lui déclara la guerre, la vainquit et lui prit son fils qui se tua de désespoir, mais il fut défait à son tour, peu de temps après, et resta sur le champ de bataille. Tomyris fit rechercher son cadavre et lui plongea la tête dans une outre pleine de sang humain en l'accablant d'injures : « Bien que je vive et que je sois victorieuse, tu m'as « perdue en m'enlevant mon fils par ruse, aussi moi « t'abreuverai-je de sang. » Les Perses parvinrent à recouvrer le corps de leur roi et le transportèrent à Pasargades, où ils l'ensevelirent somptueusement dans les jardins de son palais.

4. **Cambyse (529-522); conquête de l'Égypte (525).** — Cyrus avait légué la couronne à Cambyse, l'aîné de

ses enfants, et le commandement de plusieurs provinces à Bardîya (Smerdis), son second fils. Réglant
sa succession par avance, il s'était flatté de prévenir
les querelles qui accompagnent d'ordinaire en Orient
un changement de règne. Son espoir fut déçu : Cambyse, à peine monté sur le trône, égorgea son frère.
Le crime fut commis avec tant de prudence et de
secret qu'il passa inaperçu du vulgaire : le peuple et
la cour crurent que Bardîya avait été enfermé dans
quelque palais éloigné de la Médie, et s'attendirent à
le voir reparaître bientôt.

Après s'être débarrassé d'un rival qui pouvait
devenir dangereux, Cambyse reprit l'œuvre de son
père. Il ne lui restait plus qu'à abattre l'Égypte.
Amasis, qui, depuis la chute de Crésus, prévoyait
une attaque des Perses, avait tout préparé pour la
recevoir : il avait noué d'étroites alliances avec plusieurs états grecs, renforcé son armée de nombreux
mercenaires, fortifié puissamment la frontière du
Delta. Entre le dernier poste du côté de la Syrie,
Iénysos, et la première forteresse égyptienne, Péluse, il y a près de quatre-vingts kilomètres d'un
désert presque sans eau, que nulle troupe armée ne
pouvait parcourir en moins de trois jours. La trahison d'un des chefs grecs au service de Pharaon, Phanès d'Halicarnasse, permit à Cambyse de s'entendre
avec les tribus nomades qui habitaient ces solitudes :
il obtint d'elles des relais d'eau habilement disposés
le long de la route.

En arrivant au voisinage de Péluse, les Perses
apprirent qu'Amasis était mort et que son fils, Psam-

métique III, lui avait succédé. Le nouveau roi se mit lui-même à la tête de ses troupes et livra bataille à l'envahisseur en avant de Péluse. Phanès avait laissé ses enfants en Égypte. Ses anciens soldats cariens et ioniens les égorgèrent sur le front de l'armée, recueillirent le sang dans un grand vase à moitié plein de vin, burent le mélange et se lancèrent comme des furieux au plus fort de la mêlée. Vers le soir, la ligne égyptienne plia enfin et la déroute commença. En quelques jours, le Delta entier se soumit. Memphis ouvrit ses portes, Psammétique tomba avec sa famille aux mains du vainqueur : la Haute-Égypte ne résista point, les Libyens et les Cyrénéens n'attendirent pas qu'on les attaquât pour offrir un tribut (525). Cet effondrement rapide d'une puissance qui, depuis des siècles, défiait tous les efforts de l'Orient, et le sort de ce roi qui n'était monté sur le trône que pour en tomber aussitôt, remplirent les contemporains d'étonnement et de pitié.

4. **Folie et mort de Cambyse**. — Pour la première fois, de mémoire d'homme, le vieux monde oriental obéissait à un seul maître ; mais Cambyse s'arrêterait-il après avoir abattu la seule des grandes puissances qui eût échappé à son père, ou porterait-il ses armes dans ces régions de l'occident où les Phéniciens seuls avaient jusqu'alors pénétré? Deux routes s'ouvraient devant lui : au nord, au delà des détroits d'Asie Mineure, celle de la Grèce et de l'Italie ; au sud, celle de l'Éthiopie et de Carthage. Cambyse s'attaqua d'abord à l'Afrique. Après avoir ceint la couronne des pharaons et s'être gagné la faveur des Égyptiens

par sa modération à leur égard, il dirigea deux armées, l'une à travers le désert contre Carthage, l'autre le long du Nil contre les rois de Napata. L'armée de Libye périt dans les sables, à mi-chemin de l'oasis d'Amon ; celle d'Éthiopie pénétra jusqu'à Napata, mais fut arrêtée par le désert, entre Napata et Méroé, et perdit beaucoup de monde.

L'échec de ces tentatives eut la plus fâcheuse influence sur la destinée de Cambyse. Il avait été sujet, dès l'enfance, à des attaques d'épilepsie furieuse pendant lesquelles il perdait la conscience de ses actions : l'infortune exaspéra sa maladie et redoubla le nombre et la longueur des crises. Il frappa de son poignard le bœuf Hapis, mit à mort les prêtres du dieu et s'aliéna à tout jamais l'esprit du peuple dévot. Il épousa sa propre sœur, puis la tua, abattit d'une flèche le fils de Prexaspès, l'un de ses conseillers, enterra vifs douze des principaux parmi les Perses. Il quitta enfin l'Égypte au milieu de la haine générale. Il était déjà dans le nord de la Syrie avec son armée, lorsqu'un héraut se présenta devant lui, le déclara déchu de la couronne et somma ceux qui lui avaient obéi jusqu'alors de prêter hommage à Bardîya, fils de Cyrus, que la Perse, la Médie et les provinces du centre de l'empire venaient de reconnaître pour roi (juillet 522). D'abord atterré, il allait partir à la tête des troupes qui lui étaient restées fidèles, quand un de ses accès éclata, pendant lequel il se tua de sa propre main.

RÉSUMÉ

1. Les Perses occupaient le pays montagneux et peu fertile par endroits qui s'étend entre l'Élam et le détroit d'Ormuzd. Ils obéissaient à des rois issus de la famille des Achéménides, et dont une branche secondaire enleva le district d'Anshân aux Élamites.

2. Cyrus II, roi d'Anshân, les tira de leur obscurité (558-529). Il battit Astyage qui, selon la tradition, était son grand-père, et détruisit l'empire mède (549). Il se tourna ensuite contre la Lydie, prit Sardes et son roi Crésus par surprise (546), puis laissa à ses lieutenants le soin d'achever la conquête de l'Asie Mineure.

3. Il se porta ensuite vers l'est, réduisit en province les parties orientales du plateau de l'Iran, la Bactriane, la Sogdiane (545-539), vainquit Nabounâhid et mit fin à l'empire de Chaldée (538). Il mourut dans une guerre contre les Massagètes (529).

4. Cambyse (529-522) débuta par assassiner son frère Bardîya, puis se lança contre l'Égypte. Il vainquit Psammétique III à Péluse, et s'empara du pays entier (525).

5. Il songea ensuite à achever la conquête de l'Afrique, et lança deux armées l'une contre les Éthiopiens, qui fut forcée de battre en retraite après avoir pénétré jusqu'à Napata ; l'autre contre l'oasis d'Amon et peut-être contre Carthage, qui fut engloutie dans les sables de la Libye. Ces échecs déterminèrent en lui des accès de folie furieuse, qui soulevèrent une haine générale. Revenu d'Égypte en Syrie, il se tua dans une crise causée par l'annonce d'un soulèvement de la Perse aux ordres d'un faux Bardîya (522).

CHAPITRE XXV

1. Le faux Bardîya (522-521). — 2. Les premières années de
Darius (521-519) — 3. Division de l'empire en satrapies. —
4. Les finances de l'empire perse. — 5. Darius dans l'Inde
(512).

1. Le faux Bardîya (522-521). — Le nouveau maître
de l'empire perse n'était qu'un faux Bardîya. Il s'appelait Gaumâta et avait pour frère un certain Patizéi-
thès, à qui Cambyse avait confié la surveillance de sa
maison. Tous deux connaissaient le sort de Bardîya.
mais tous deux savaient aussi que la plupart des
Perses l'ignoraient et croyaient le prince encore vivant. Cambyse mort, personne ni parmi les Perses,
ni parmi les Mèdes, ni même parmi les gens de la
race akhéménide, ne songea d'abord à disputer le
pouvoir au roi nouveau, et à voir en lui autre chose
que l'héritier légitime du trône, le fils du grand Cyrus.
A la fin pourtant la crédulité publique s'ébranla ; l'on
sut par les femmes de la maison royale que le prétendu
Bardîya avait les oreilles coupées et n'était qu'un vulgaire malfaiteur. Darius, fils d'Hystaspe, satrape d'Hyrcanie, qui appartenait à une branche collatérale de la
famille souveraine, s'entendit avec six des principaux

seigneurs perses, surprit l'usurpateur dans un de ses palais de Médie, et le tua (mars 521) lui et son frère. Proclamé roi sur-le-champ (fig. 39), il purifia les temples que son prédécesseur avait souillés, et institua une fête solennelle en souvenir du massacre de Gaumâta et des mages qui l'avaient soutenu.

2. Les premières années de Darius (521-519). — Deux révolutions, se succédant coup sur coup en moins d'une année, avaient ébranlé la puissance des Perses. Leur empire n'était, comme celui des Égyptiens et des Assyriens, qu'un assemblage hasardeux de provinces administrées par des gouverneurs à demi indépendants, de royaumes vassaux, de villes et de tribus mal

Fig. 39. — Sceau du roi Darius, au British Museum.

soumises. La révolte éclata sur deux points à la fois, à Suse et en Chaldée, où un prétendant se présenta au peuple comme le fils de Nabounâhid et assuma le nom glorieux de Nabuchodorosor. Il fallut deux batailles et un long siège pour avoir raison de lui (521-520), et le retard que subit la répression encouragea des rébellions nouvelles.

La Médie se laissa tenter par un certain Sattarita, qui disait descendre de Cyaxare et se proclama roi sous le nom de Phraortes : l'Arménie, l'Assyrie reconnurent son autorité, tandis que les Sagartiens et la Margiane s'insurgeaient sous leurs chefs nationaux. Les premières rencontres ne furent pas favorables aux troupes royales; l'Hyrcanie, la Parthyène firent cause commune avec les révoltés, et la province de Perse elle-même se laissa entraîner par un faux Bardiya nouveau. L'arrivée de Darius sur le lieu de l'action changea la face des affaires. Il pénétra en Médie par le défilé de Kerend, et remporta une victoire décisive près du bourg de Koundourous (juin 520). Phraortes s'enfuit vers le nord, mais fut pris près de

Fig. 40. — Darius vainqueur devant ses ennemis enchaînés.
(Bas-relief de Béhistoun).

Raghâ, conduit à Ecbatane et puni de manière atroce. On lui coupa le nez, les oreilles, la langue, on lui creva les yeux, on l'enchaîna à la porte du palais, puis on l'empala, quand la populace eut joui suffisamment du spectacle de sa misère; ses principaux partisans furent les uns empalés comme lui, les autres décapités.

Le succès ne fut pas moins rapide du côté de la Perse, mais il semblait qu'une guerre enfantât l'autre: le succès éphémère du second faux Bardiya évoqua un second faux Nabuchodorosor qui succomba après quelques mois. La Médie, la Perse et la Babylonie reconquises, la soumission des autres provinces, Hyrcanie, Margiane, Bactriane, n'était plus qu'un jeu. A la fin de 519 la paix était rétablie partout et Darius régnait sans compétiteur. Il fit plus tard graver à Béhistoun, en souvenir de ses victoires, une inscription triomphale et un bas-relief qui le montrait vainqueur devant ses ennemis enchaînés (fig. 40).

3. Division de l'empire en satrapies. — La leçon de ces premières années ne fut pas perdue pour lui; Cyrus et Cambyse avaient conquis l'empire, il voulut l'organiser. Il encouragea sans doute les peuples qui lui obéissaient à garder leur langue, leurs mœurs, leur religion, leurs lois, leurs constitutions particulières. Les Juifs, à qui Cyrus avait permis de rentrer à Jérusalem, obtinrent l'autorisation d'achever la reconstruction de leur temple; les Grecs d'Asie retinrent leurs gouvernements variés, la Phénicie conserva ses rois et ses suffètes, l'Égypte sa féodalité. Mais il y eut au-dessus de ces pouvoirs locaux une autorité unique, supérieure à tous et la même partout. Le territoire fut divisé en grands gouvernements, dont le nombre varia selon les temps. Au début, il y avait vingt-trois satrapies, à la mort de Darius on en comptait trente et une.

Elles n'étaient pas administrées chacune par un seul homme; elles contenaient trois officiers indépendants l'un de l'autre, mais qui relevaient directement de la cour, le satrape, le secrétaire royal, le général. Les satrapes étaient choisis par le roi dans

n'importe quelle classe de la nation, parmi les pauvres comme parmi les riches, parmi les gens de race
étrangère comme parmi les Perses. Ils restaient en
charge aussi longtemps qu'ils plaisaient au maître, et
exerçaient le pouvoir civil dans sa plénitude, répar-
tition de l'impôt, administration de la justice, droit de
vie et de mort. Ils avaient auprès d'eux un secrétaire
royal, chargé ostensiblement du service de la chan-
cellerie, mais qui était en réalité un espion occupé à
surveiller tous leurs actes et toutes leurs démarches
pour en référer à qui de droit. Les soldats perses, les
troupes indigènes, les mercenaires cantonnés dans la
province étaient sous la main d'un général, souvent
ennemi du satrape et du secrétaire.

Ces trois rivaux se tenaient mutuellement en échec,
de manière à rendre une révolte, sinon impossible,
au moins difficile. Ils étaient en rapport constant avec
la cour par des services de courriers réguliers, qui
transportaient leurs dépêches d'un bout de l'empire
à l'autre en quelques semaines. Chaque année, le roi
envoyait dans les provinces des officiers qu'on nommait ses *yeux* et ses *oreilles*, parce qu'ils étaient char-
gés de voir et d'entendre pour lui ce qui se passait
sur les parties les plus reculées du territoire. Ils
paraissaient au moment où l'on s'y attendait le moins,
examinaient l'état des choses, réformaient certains
détails d'administration, réprimandaient et suspen-
daient au besoin le satrape; ils étaient accompagnés
d'un corps de troupes qui appuyait leurs conseils et
leurs décisions. Un rapport défavorable, une déso-
béissance légère, même le simple soupçon d'une déso-

béissance, suffisaient à perdre un satrape; le roi quelquefois le déposait, quelquefois le condamnait à mort sans procès. Un courrier arrivait à l'improviste, remettait aux gardes l'ordre de tuer leur chef, et les gardes obéissaient sur simple vue du firman royal.

4. Les finances de l'empire perse. — Cette réforme ne plut pas aux Perses, et ils se vengèrent par des railleries de l'obéissance à laquelle Darius prétendait les plier. « Cyrus, disaient-ils, avait été un père, « Cambyse un maître; Darius n'est qu'un cabaretier « affamé de gain. » La division de l'empire avait été, en effet, une opération financière autant que politique : répartir, lever, verser l'impôt, était le grand devoir des satrapes. La Perse propre fut dispensée de charges régulières; les autres provinces furent frappées, en raison de leur étendue et de leur richesse, d'un tribut payable, partie en argent, partie en nature. Afin de rendre les payements moins difficiles, Darius mit en circulation une monnaie d'or et d'argent, à laquelle on a donné le nom de *dariques*. Elles servirent surtout à la solde des armées et n'eurent un cours régulier que dans les provinces riveraines de la Méditerranée. A l'intérieur de l'Asie, on continua à évaluer selon le poids, les métaux indispensables aux transactions du commerce ou de la vie quotidienne.

L'impôt en nature n'était point levé partout de la même manière. L'Égypte fournissait le blé nécessaire aux 120 000 hommes qui l'occupaient militairement. Les Mèdes livraient chaque année 100 000 moutons, 4 000 mulets, 3 000 chevaux; les Arméniens, 30 000 poulains; la Cilicie, 365 chevaux blancs. Les taxes royales n'avaient rien d'exagéré, mais elles ne sauraient donner la mesure des charges que chaque province supportait. Les satrapes ne recevaient aucun traitement de l'État : ils vivaient sur le pays avec leur suite et se faisaient rémunérer largement par les indigènes. Le seul gouvernement de Babylone rendait à son possesseur un revenu annuel de 2 600 000 francs en poids; l'Égypte, la Médie, la Syrie ne devaient pas rapporter beaucoup moins, et les provinces les plus pauvres n'étaient pas les moins lourdement frappées. Les satrapes coûtaient à entretenir au moins autant que le roi.

Fig. 41. — Un roi perse (Darius Codoman, d'après la mosaïque du Musée de Naples).

Darius dans l'Inde (512). — Ce système était de beaucoup préférable à ceux qu'on avait jusqu'alors employés en Orient. Il assurait au souverain un budget régulier, mettait les provinces sous sa main et rendait les révoltes nationales fort difficiles. La mort de chaque roi ne fut plus accompagnée de soulèvements dont la répression remplissait une bonne partie du règne suivant. Darius n'eut pas seulement la gloire d'organiser l'empire perse : il inventa une forme de gouvernement qui servit désormais de type aux grands états orientaux. Il fut le roi des rois, le *Grand roi* par excellence, celui sur la vie duquel les souverains de l'Asie réglèrent leur vie et dont ils se proposèrent d'égaler les splendeurs (fig. 41).

A force de conquérir, les Perses en étaient arrivés à ne plus avoir d'issue que dans deux directions opposées, à l'est vers l'Inde, à l'ouest vers la Grèce. Partout ailleurs ils étaient arrêtés par des mers ou par des obstacles presque insurmontables aux lourdes armées de l'époque : au nord, la mer Noire, le Caucase, la Caspienne, les steppes de la Tartarie ; au sud, la mer Érythrée, le plateau sablonneux de l'Arabie, le désert d'Afrique. Un moment, vers 512, on put croire qu'ils allaient se jeter à l'est. Du haut de l'Iran, ils dominaient au loin les immenses plaines du Pendjab. Darius les envahit, y conquit des territoires étendus, dont il forma une satrapie nouvelle, celle de l'Inde, puis se rabattit vers le sud. Sa flotte placée sous les ordres d'un Grec, Scylax de Caryanda, descendit l'Indus, de Peucéla jusqu'à l'embouchure, puis cingla vers le couchant, et releva en moins de trente mois les côtes de la Gédrosie et l'Arabie. Mais Darius suspendit sa marche dans cette direction après son premier effort : l'Occident l'attirait et dans l'Occident la Grèce surtout. La seconde moitié de son règne fut remplie par les préparatifs et par les luttes qu'il entreprit pour la conquérir, par les premières *Guerres Médiques*.

RÉSUMÉ

1. Gaumâta, le faux Bardiya, fut pendant plusieurs mois reconnu de tout l'empire; il fut assassiné par Darius et six des principaux seigneurs perses avec tous les mages, ses partisans (521).

2. Darius eut d'abord à réprimer de nombreuses rébellions, celles de Babylone sous deux imposteurs qui se donnèrent successivement pour les fils de Nabounâhid et prirent le nom de Nabuchodorosor (521–519), celles de l'Élam, enfin celle de la Médie sous un prétendu fils de Cyaxare, Phraortes. Il fallut deux campagnes et une grande bataille près de Koundourous (520) pour venir à bout de ce dernier. La Perse elle-même se souleva sous un faux Bardiya. A la fin de 519, toutes ces révoltes étaient terminées.

3. Darius organisa l'empire des Perses. Il le divisa en satrapies, gouvernées chacune par trois fonctionnaires indépendants, le satrape, le secrétaire royal, le général. Les *yeux* et les *oreilles* du roi étaient envoyés en mission dans les provinces pour examiner la conduite de ces officiers.

4. La Perse propre fut dispensée de l'impôt. Les autres provinces payèrent chacune un tribut en monnaie (*dariques*) ou en nature, proportionné à ses ressources : elles durent, de plus, entretenir à leurs frais les gouverneurs perses et leur suite.

5. A force de conquérir, les Perses n'avaient plus que deux débouchés, à l'est vers l'Inde, à l'ouest vers la Grèce. Darius conquit le Pendjab en 512, puis se rejeta sur la Grèce et commença les *Guerres Médiques*.

CHAPITRE XXVI

1. Zoroastre et l'Avesta. — La religion des Mèdes
et des Perses dérivait du culte des anciennes populations aryennes, tel que nous le font connaître en partie les livres sacrés de l'Inde. Les légendes nationales
en attribuaient l'établissement à un seul homme, Zoroastre (Zarathoustra). Né à Raghâ en Médie, ou en
Atropatène, il appartenait à la race royale, et avait
vécu au temps où les Iraniens étaient encore campés
en Bactriane. Son enfance et sa jeunesse ne furent
qu'une lutte incessante contre les démons. A l'âge de
trente ans, il fut ravi en extase devant Dieu, et apprit
de lui que la meilleure des créatures sur la terre était
l'homme au cœur pur; après diverses épreuves, il
reçut des mains du Tout-Puissant le livre qui renfermait la loi, l'*Avesta*, revint sur la terre, prêcha la foi
nouvelle et y convertit le peuple entier des Iraniens.

2. Ormazd et Ahrimân. — Au début, le dieu suprême des Iraniens était « le cercle entier du ciel,

« le plus solide des dieux, car il a pour vêtement la
« voûte solide du firmament » : son corps est un
corps de lumière, son œil est le soleil. Plus tard, il
perdit de son caractère matériel et devint Ahouramazdâ (Ormazd) l'omniscient, le sage par excellence,
le très grand et le très bon, le très actif, le très intel-
ligent et le très beau (fig. 42). Il a en face de lui un
dieu ennemi aussi méchant que lui est bon, Angrô-
mainyous (Ahrimân), qui s'efforce de détruire ce qui
est utile et beau dans l'univers.

Fig. 42. — Ormazd planant au-dessus du roi, d'après le bas-relief de Bébistoun

Ormazd avait créé toute chose par l'acte de sa parole, et s'était donné, comme coadjuteurs dans l'administration du monde, six génies d'ordre supérieur,
les Amèsha-çpentas; ceux-ci à leur tour commandaient à des milliers de Yazatas, répandus dans la
nature pour veiller à la conservation et au jeu de
ses organes. Ahrimân établit, en face de cette hiérarchie de la lumière et du bien, une contre-hiérarchie
des ténèbres et du mal. Il opposa aux six Amèsha-
çpentas six êtres malfaisants qui les égalaient en

force et en puissance, puis il suscita contre les Yazatas les démons ou Daêvas, qui ne cessent d'assiéger la
nature et de s'opposer à la régularité de ses mouve-
ments. La lutte entre ces deux armées de génies également actifs et redoutables durera jusqu'à la fin des
temps : elle ne se terminera qu'avec le monde, par la
victoire définitive d'Ormazd sur Ahrimân.

3. Le culte : les Mages. — Au milieu de ce conflit
des dieux, l'homme vit selon la loi et la justice dans
la condition où le sort l'a jeté. Il a à côté de lui un
être protecteur, la Fravashi, qui veille sur lui et le
défend contre les démons, avec le concours des Yazatas. Placé ici-bas par Ormazd, pour disputer à Ahrimân les parties stériles du sol, labourer, faire produire du blé à la terre, est son premier devoir. Son
second est de protéger les créatures d'Ormazd et
d'anéantir celles d'Ahrimân. La meilleure des créatures d'Ormazd est le chien : c'est péché, non seulement que le tuer, mais que lui donner « des os dans
« lesquels il ne peut mordre, ou des aliments assez
« chauds pour lui brûler la gueule ». L'homme de
bien par excellence est celui qui a bonne pensée,
bonne parole, bonne action. Une fois sorti de la perfection, il n'y rentre pas à force d'offrandes et de
sacrifices; on n'expie la faute que par le repentir
accompagné des bonnes œuvres. Détruire les bêtes
malfaisantes, la grenouille, le serpent, la fourmi,
transformer les terres incultes en terres cultivées,
marier une jeune fille pure et saine à un homme
juste, étaient autant de moyens d'expiation recom-
mandés par la loi.

Les cérémonies du culte étaient simples et peu nombreuses. Ormazd n'avait ni statues, ni sanctuaires mystérieux, ni autels; mais sur les hauteurs s'élevaient des pyrées, c'est-à-dire des abris où la flamme sacrée était alimentée, d'âge en âge, par des prêtres dont le devoir était de ne pas la laisser s'éteindre. Ces prêtres formèrent, en Médie d'abord, puis en Perse, une caste fermée, celle des Mages, qui acquit une grande influence et abusa parfois de son autorité. Vêtus de longues robes blanches, coiffés de hautes tiares, les mains chargées du faisceau de tamarisque (*bareçma*) sans lequel aucun rite n'était valable, ils montaient en procession aux autels, préparaient la victime, versaient les libations et chantaient sur l'offrande des formules mystérieuses qui lui donnaient sa vertu. La principale victime était le cheval, mais on sacrifiait aussi le bœuf, la chèvre, la brebis. Après avoir préparé et distribué aux assistants le *haôma*, sorte de boisson enivrante que les Iraniens avaient reçue des peuplades aryennes primitives, le prêtre tuait l'animal et en plaçait les morceaux, non pas dans le feu, que le contact aurait rendu impur, mais devant le foyer. La cérémonie se terminait d'ordinaire par un banquet solennel, où l'on mangeait la chair de la victime.

4. **Rites funéraires.** — Après la mort, on ne devait ni brûler le corps, ni l'enterrer, ni le jeter dans une rivière : c'eût été souiller le feu, la terre ou l'eau. On avait deux manières différentes de se débarrasser du cadavre sans nuire à la pureté des éléments. On le recouvrait d'une couche de cire, puis on l'ensevelis-

sait : l'enduit était censé empêcher la souillure qu'un contact direct avec la terre aurait produite. On l'exposait en plein air et on le laissait dévorer par les oiseaux de proie : en ce cas, de grandes tours rondes, ouvertes par en haut, servaient de cimetière.

L'âme, après être restée trois jours encore dans le voisinage de sa dépouille mortelle, la quittait à l'aube du quatrième et se rendait au lieu du jugement, où

Fig. 43. — Le palais de Darius à Persépolis.

l'on pesait ses actions bonnes ou mauvaises, pour l'acquitter ou la condamner selon le témoignage de sa propre vie. Au sortir du tribunal, on la menait au pont Chinvat, qui était jeté sur l'enfer et conduisait au paradis. Impie, elle ne pouvait le franchir et tombait dans l'abîme : pure, elle passait sans peine, était présentée à Ormazd, et recevait la place qu'elle devait occuper jusqu'au jour de la résurrection des corps.

5. **L'art perse.** — Les Perses, passés brusquement d'une condition obscure et demi-sauvage à l'empire de l'Asie, n'avaient pas eu le temps de développer une civilisation, une littérature, un art original. Ils se laissèrent pénétrer aux mœurs des peuples qu'ils

avaient vaincus, Chaldéens, Égyptiens, Hellènes, et leur empruntèrent ce qui leur manquait. Leurs rois revêtirent la pourpre de Tyr, les étoffes brodées de Babylone, le lin de l'É-gypte. Ils tracèrent leurs inscriptions avec des caractères empruntés aux cunéiformes des nations des bords de l'Euphrate et du Tigre. Ils employèrent parfois des sculpteurs grecs à la décoration de leurs palais, et les réminiscences de l'Égypte et de l'Assyrie paraissent à chaque pas dans ce qui nous reste de leur architecture. Certaines parties du palais de Darius à Persépolis (fig. 43) semblent presque les restes d'un temple égyptien; les portes y sont toutes surmontées de la corniche égyptienne, et ont cet aspect de force lourde qui caractérise les monuments des bords du Nil. La lutte du roi contre un génie malfaisant (fig. 44),

Fig. 44. — Le roi luttant contre un génie malfaisant.

qu'on voit si souvent dans les ruines, est inspirée directement des modèles chaldéens ou assyriens.

6. La décoration en émail. — Il faut avouer pourtant qu'ils surent faire un ensemble harmonieux avec ces éléments disparates. Les grandes salles où le roi recevait, les jours d'audience, ne sont pas indignes d'entrer en comparaison avec les salles hypostyles des temples égyptiens. Les colonnes qui les soutiennent sont d'un galbe élégant; leurs bases coniques, leurs chapiteaux, décorés de têtes de taureau qui soutiennent l'architrave, sont d'un dessin hardi et original (fig. 45). La décoration des immenses surfaces que présentaient les murailles extérieures des palais est d'une richesse et d'une harmonie à laquelle on n'avait pas encore atteint jusqu'alors. Elle se composait de briques émaillées, comme celle de certains édifices assyriens et chaldéens; mais au lieu qu'à Babylone ou à Ninive les figures sont dessinées sur l'émail d'un simple trait et ne font point saillie sur la paroi, dans les villes de la Perse elles s'enlèvent vigoureusement et forment de véritables bas-reliefs.

Fig. 45. — Une des colonnes du palais de Darius à Persépolis.

Le type le plus parfait en a été rapporté de Suse par M. et Mme Dieulafoy, et se trouve aujourd'hui au Louvre. C'est une longue frise, sur laquelle des hommes de la garde royale, des *Immortels*, s'avancent solennellement les armes à la main (fig. 46). Tout

Fig. 46. — Deux des *Immortels* du Louvre.

est excellent dans ce morceau, le mouvement pesant des soldats, l'expression impassible de leur visage, la fierté et la vigueur de leur port : c'est une facture savante et naïve à la fois, où la liberté d'allure de l'art grec se mêle aux traditions des vieux arts orientaux. La couleur répandue sur l'ensemble est d'une intensité et d'une harmonie que nos artistes contemporains désespèrent presque de reproduire. Les tons, juxtaposés franchement mais sans crudité, se font valoir l'un l'autre : c'est peut-être le plus beau morceau de décoration monumentale que l'antiquité entière nous ait laissé.

RÉSUMÉ

1. La religion des Mèdes et des Perses passait pour être l'œuvre de Zoroastre : les principes en étaient contenus dans l'*Avesta*.

2. Elle reconnaissait deux principes ennemis, Ahouramazdâ (Ormazd), le très bon, et Angrômainyoûs (Ahrimân), le très mauvais. Chacun d'eux exerçait son autorité sur l'univers au moyen d'une hiérarchie de génies sans cesse en lutte l'un contre l'autre. La guerre qu'ils se font se terminera à la fin du monde par la défaite d'Ahrimân.

3. Au milieu du conflit des dieux, l'homme vit selon la loi et la justice : il rachète ses fautes par le repentir et par les bonnes œuvres, non par le sacrifice. Le culte est fort simple, et se fait dans les pyrées, où les prêtres entretiennent le feu sacré. Ils formèrent en Médie la caste des Mages, qui acquit une grande influence et abusa parfois de son autorité.

4. Après la mort, le cadavre était ordinairement livré aux oiseaux. L'âme subissait son jugement et tombait dans

l'enfer ou passait au paradis sur le pont Chinvat, selon la sentence du juge divin.

5. L'art perse est un mélange d'éléments assyriens, égyptiens et grecs.

6. Les palais des rois ne manquaient pourtant ni de grandeur, ni d'harmonie. Les bas-reliefs en briques émaillées qui les décoraient sont d'un beau style et d'une couleur fort vive : les meilleurs ont été rapportés de Suse par M. et Mme Dieulafoy et sont aujourd'hui au Musée du Louvre.

FIN

TABLE DES MATIÈRES

22 296. — Imprimerie LAHURE, rue de Fleurus, 9, à Paris.

Hachette et Cie
54

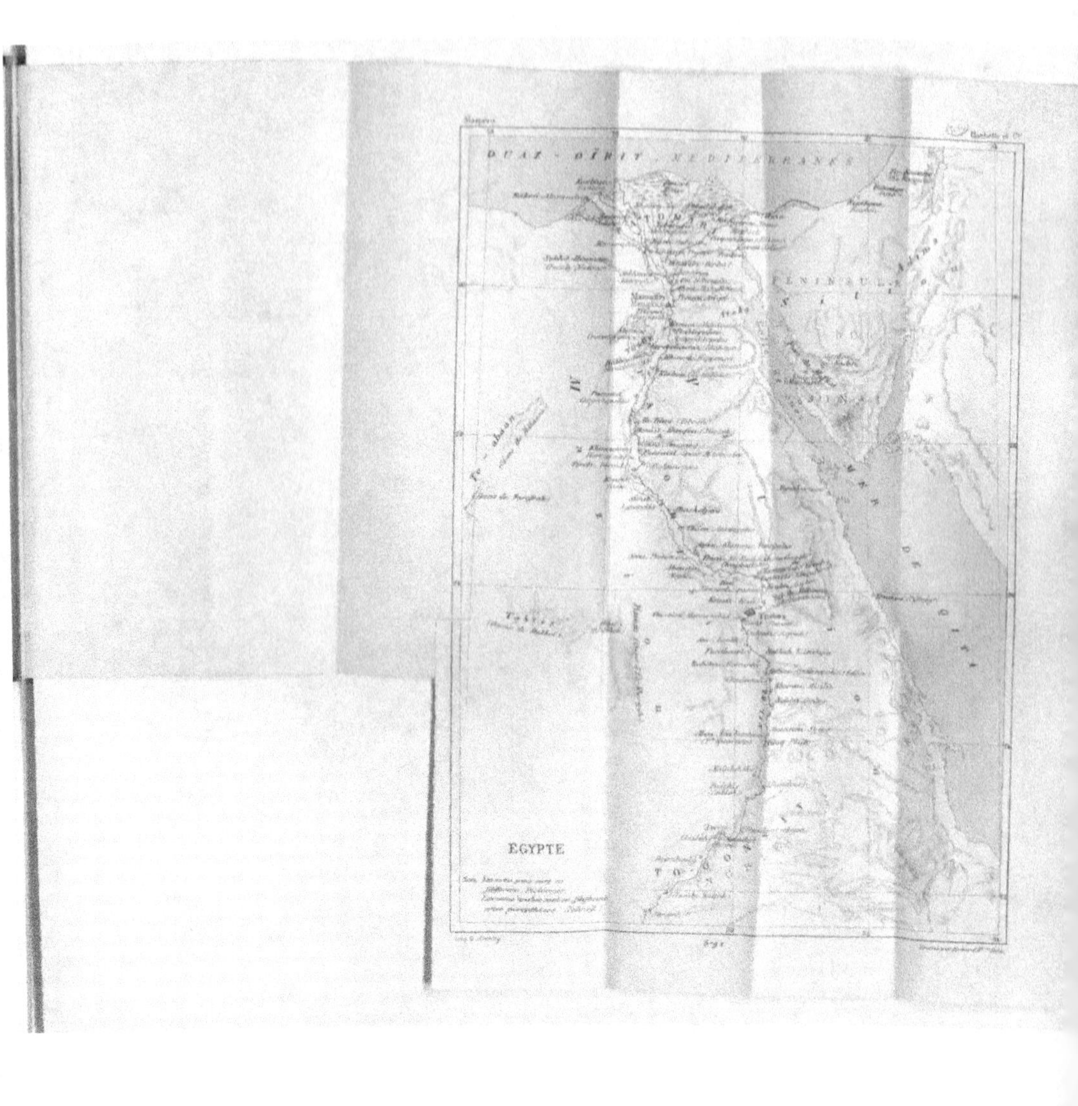
DUAT - DÎRIY - MEDITERRANEE
PENINSULE DU SINAI
EGYPTE

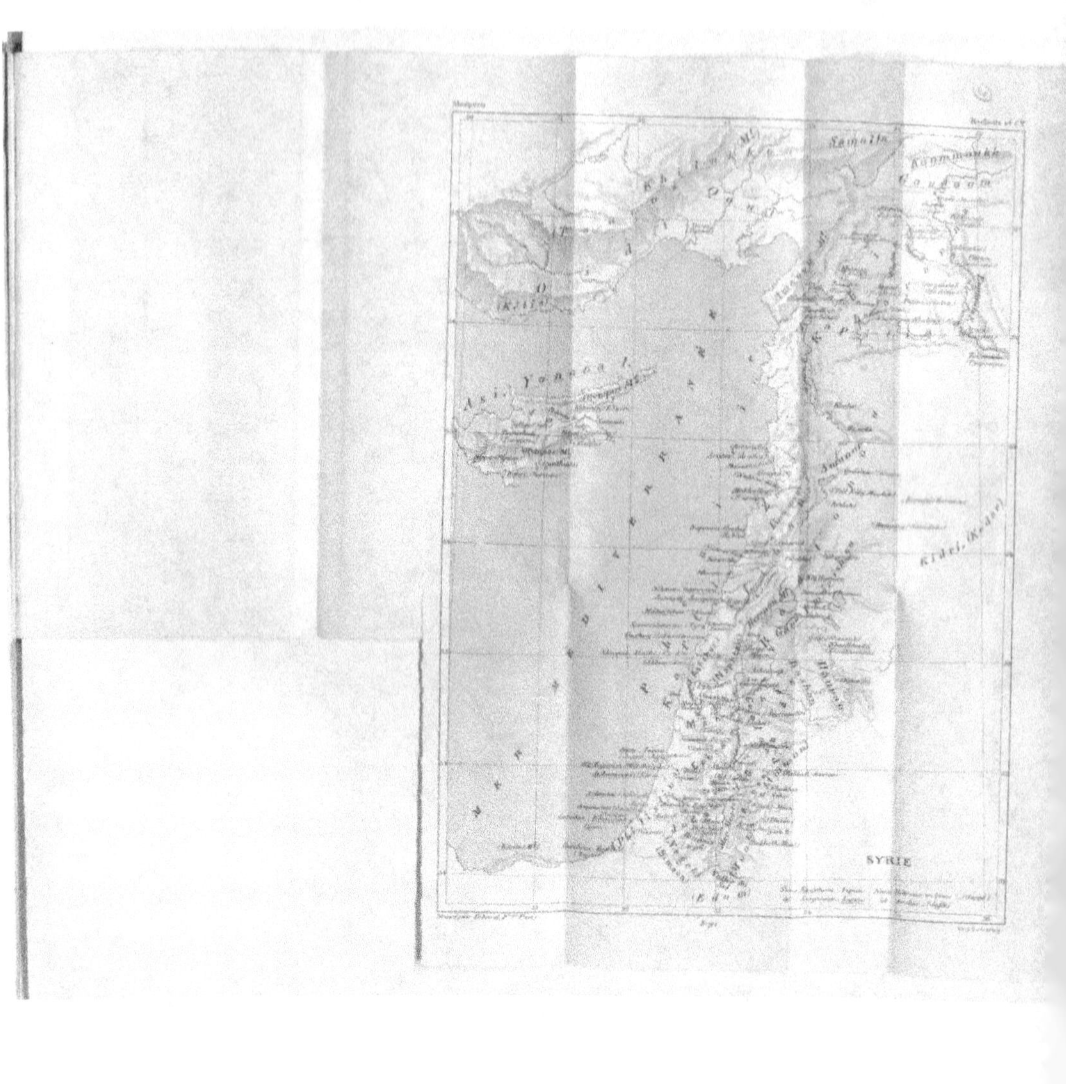

SYRIE

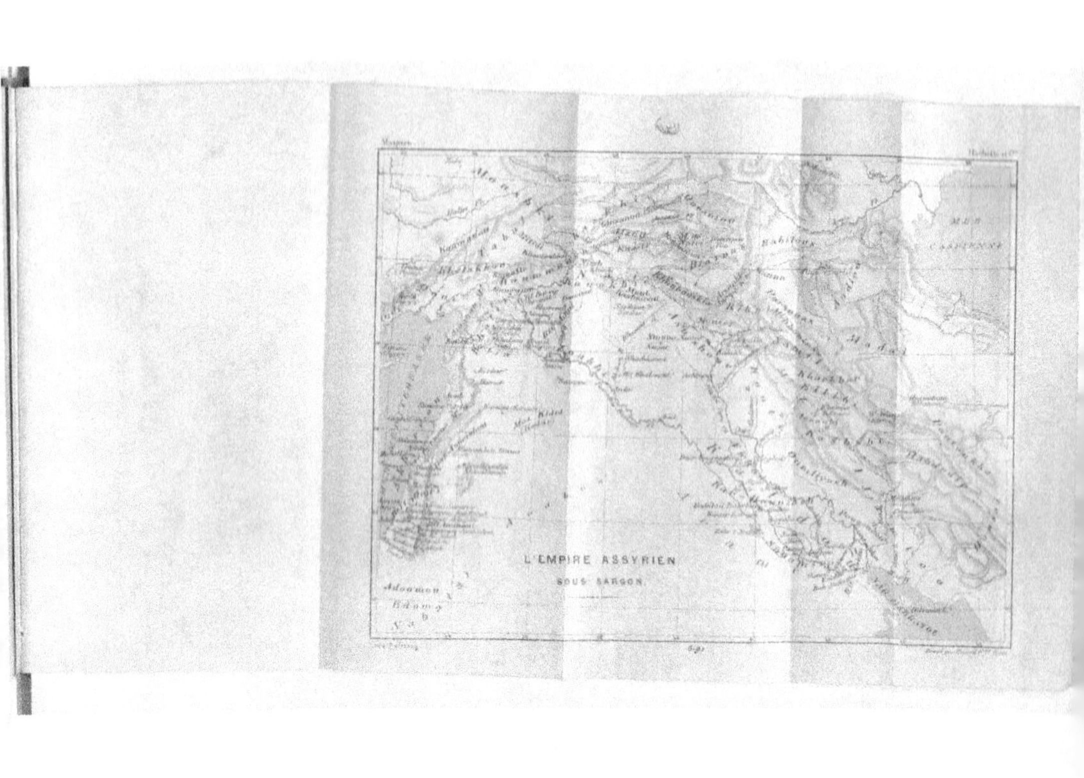

L'EMPIRE ASSYRIEN
SOUS SARGON.

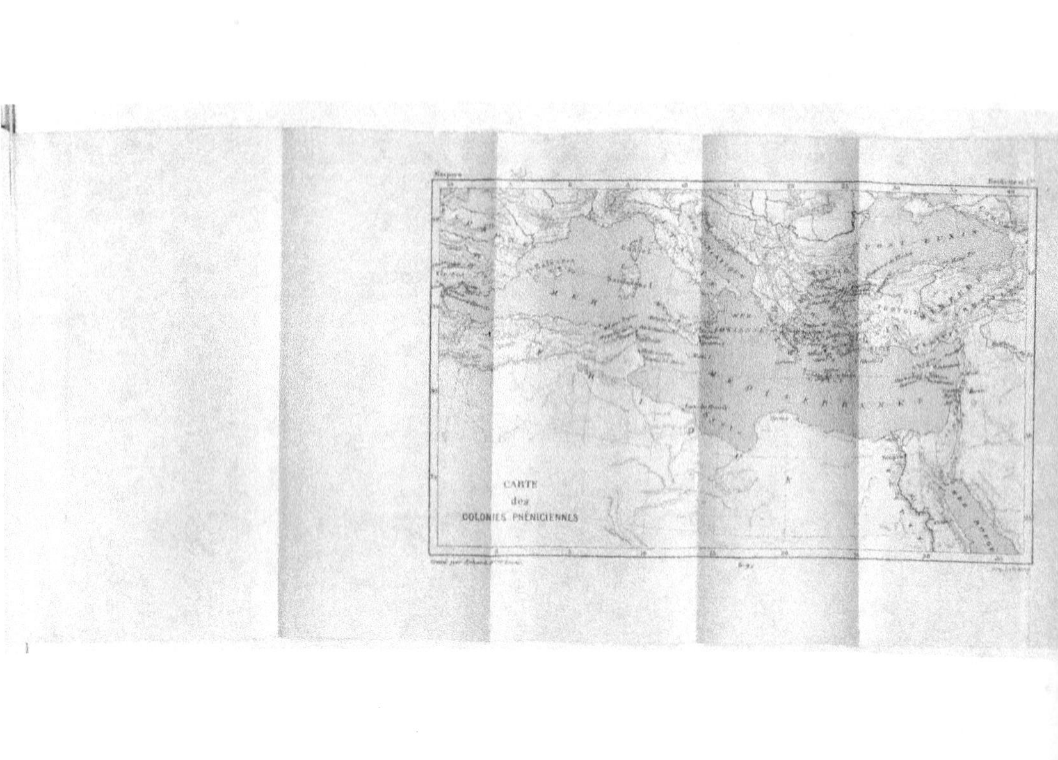

CARTE
des
COLONIES PHÉNICIENNES

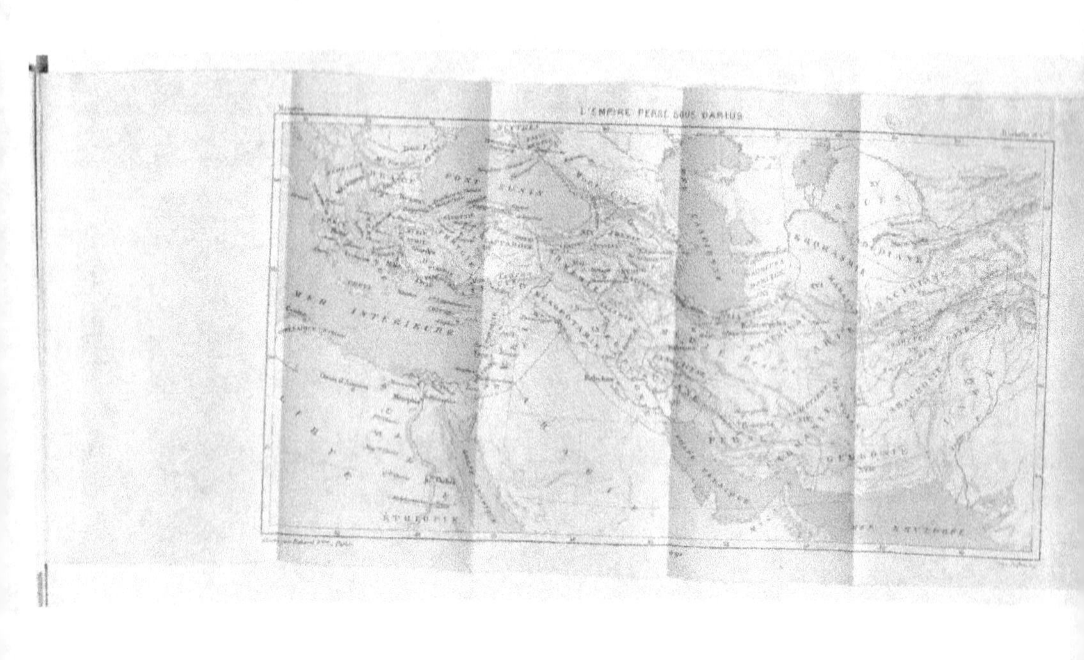

L'EMPIRE PERSE SOUS DARIUS

COURS D'HISTOIRE

A L'USAGE DES LYCÉES ET COLLÈGES

PAR

M. Victor DURUY

Ancien Ministre de l'Instruction publique
Membre de l'Académie française, de l'Académie des Sciences morales et politiques
et de l'Académie des Inscriptions et Belles-Lettres.

Nouvelle édition

Complétée et remaniée conformément aux programmes du 28 janvier 1890.

SOUS LA DIRECTION DE

M. E. LAVISSE

Professeur à la Faculté des lettres de Paris.

5 volumes in–16, avec gravures et cartes, cartonnage toile.

Histoire grecque (classe de Cinquième), par M. HAUSSOULIER, maître de conférences à l'École des hautes études. . **3 fr. 50**

Histoire romaine (classe de Quatrième), par M. PARMENTIER, professeur au lycée de Troyes. . . . . **4 fr. »**

Histoire de l'Europe et de la France, jusqu'en 1270 (classe de Troisième), par M. PARMENTIER, 1 vol. . . . . . **4 fr. 50**

Histoire de l'Europe et de la France, de 1270 à 1610 (classe de Seconde), par M. MARIÉJOL, chargé de cours à la Faculté des lettres de Nancy, 1 vol. . . . . **5 fr. »**

Histoire de l'Europe et de la France, de 1610 à 1789 (classe de Rhétorique), par M. LACOUR-GAYET, professeur au lycée Saint–Louis. 1 vol. . . . . **5 fr. »**

AVERTISSEMENT

Au COURS D'HISTOIRE de M. V. DURUY

Revu sous la direction de M. E. LAVISSE

Le Conseil supérieur de l'Instruction publique, dans sa session de décembre 1889, a modifié, en quelques points, les programmes d'histoire de l'enseignement secondaire classique. M. Victor Duruy m'a fait l'honneur de me prier de lui désigner des collaborateurs pour faire à ses livres les quelques retouches et additions devenues nécessaires. M. Parmentier, professeur au lycée de Troyes, a bien voulu se charger de revoir, sous ma direction, le cours de Troisième.

Je suis fier, pour ma part, de mettre mon nom au-dessous de celui de mon maître, M. Duruy, sur le titre d'ouvrages où tant de Français ont appris et apprendront encore à aimer l'histoire et la France.

Ernest Lavisse.

Septembre 1890.

LECTURES HISTORIQUES

Rédigées conformément

AUX PROGRAMMES DU 28 JANVIER 1890, A L'USAGE DE L'ENSEIGNEMENT
SECONDAIRE CLASSIQUE

6 VOLUMES IN-16
ILLUSTRÉS DE NOMBREUSES GRAVURES, CARTONNAGE TOILE

EXTRAIT DE LA PRÉFACE

des **LECTURES HISTORIQUES** de M. Langlois

POUR LA CLASSE DE TROISIÈME

Il est désirable d'introduire dans la pratique de l'enseignement secondaire « la collaboration du maître et de l'élève ». Mais « cette méthode suppose l'existence d'un nouvel instrument de travail, d'un livre à faire pour chaque classe, et qui prendra place à côté du manuel dans la petite bibliothèque de l'écolier.

« Ce livre ne présenterait pas, comme le manuel, la suite complète des faits; il ne serait pas un abrégé d'histoire universelle; il donnerait, en les décrivant, les grands événements, les usages, les institutions, avec les biographies ou portraits de très grands personnages.... Il serait lu par les élèves avant la classe[1]. »

Nous espérons que ces *Lectures historiques*, qui renferment des pages achevées et des références prudentes, aideront les professeurs d'histoire dans l'initiation qu'ils entreprennent de leurs élèves à l'intelligence du passé : tâche trop lourde pour un homme ou pour un livre, mais que l'homme et le livre, unissant les modes divers de leur action sur l'enfant, ont des chances de mener à bonne fin.

---

1. E. Lavisse, *Rapport présenté au nom de la Commission pour l'étude des améliorations à introduire dans le régime des établissements d'enseignement secondaire* (Enseignement de l'histoire). Paris, 1889, in-8, page 19.

ATLAS

DE

GÉOGRAPHIE MODERNE

CONTENANT

64 grandes cartes, 55 petites cartes et cartouches en couleurs
et 524 cartes ou figures en noir
128 pages in-folio de notices sur double colonne
un glossaire géographique et un index de 40 000 noms.

Par F. SCHRADER

Directeur des travaux cartographique de la Librairie Hachette et Cⁱᵉ

F. PRUDENT	E. ANTHOINE
Lieutenant-colonel du génie au service géographique de l'armée	Ingénieur-chef du service de la carte de France et de la statistique graphique au Ministère de l'Intérieur

Un volume in-folio, relié . . . . 25 fr.

LE MÊME ATLAS DIVISÉ PAR CLASSES

CLASSE DE QUATRIÈME

Un volume in-folio, cart., contenant 16 cartes. .   7 fr.

LISTE DES CARTES

1 ⎫
2 ⎭ 8 Hémisphères.
3 Planisphère physique.
4 —   hypsométrique.
5 —   politique.
6 Amérique du Nord physique.
7 —   politique.
8 Canada.
9 États-Unis.

10 États-Unis, partie E. et O. développées.
11 Mexique.
12 Antilles et Amérique Centrale.
13 Amérique du Sud physique
14 —   —   politique.
15 ⎱ Amérique du Sud, en
16 ⎰   deux feuilles.

CLASSE DE TROISIÈME

Un volume in-folio, cart., contenant 19 cartes.   7 fr. 50

LISTE DES CARTES

1 Asie physique.
2 — politique.
3 Empire Russe.
4 Arménie, Caucasie.
5 Asie Mineure.
6 Perse.
7 Hindoustan.
8 Indo-Chine.
9 Archipel malais.
10 Empire Chinois.

11 Japon, Chine orientale.
12 Afrique physique.
13 — politique.
14)
15 } Afrique en 3 feuilles.
16)
17 Océanie.
18 Australie.
19 Australasie.

CLASSE DE SECONDE

Un volume in-folio, cart., contenant 18 cartes.   7 fr. 50

LISTE DES CARTES

1 Europe physique.
2 — hypsométrique.
3 — politique.
4 Iles Britanniques.
5 Belgique et Pays-Bas.
6 Suisse.
7 Alpes.
8 Italie.
9 Espagne et Portugal.

10 Allemagne.
11 Europe centrale.
12 Autriche-Hongrie.
13 Balkans.
14 Grèce.
15 Méditerranée.
16 Suède-Norvège, Danemark.
17 Russie d'Europe.
18 Russie occidentale.

CLASSE DE RHÉTORIQUE

Un volume in-folio, contenant 11 cartes . . . .   5 fr. »

LISTE DES CARTES

1 France muette.
2 — physique.
3 — hypsométrique et géologique.
4 France politique et administrative en 1 feuille.

5 (France politique et admi-
6 (nistrative en 4 feuilles.
7 (France politique et admi-
8 (nistrative en 4 feuilles
9 Algérie-Tunisie.
10 Colonies françaises.
11 — —

www.ingramcontent.com/pod-product-compliance
Lightning Source LLC
LaVergne TN
LVHW052011060726
842528LV00002B/470